新起点新举措

2011’上海工会工作创新案例汇编

上海市总工会

文匯出版社

编 委 会

序

创新是工会事业发展进步的活力之源

在改革开放和社会主义现代化建设的历史进程中，工会工作的对象、内容、环境条件等都正在并将继续发生深刻变化，给我们带来许多前所未有的新课题。随着改革的不断深化和市场经济体制的逐步完善，企业形态、用工形式、分配方式日益多样化，劳动关系趋于复杂，劳动争议矛盾趋于增多；随着经济社会的快速发展，上海职工队伍数量、结构、来源等发生巨大变化，职工群众的利益诉求及其表达日趋多元；随着国资国企转改制和非公经济组织、新社会组织的快速发展，企业组织形式及其隶属关系、分布状态等发生深刻改变，工会组织覆盖和工作覆盖面临新的挑战。面对新情况新问题，我们惟有突破传统思维和习惯做法，以创新为工会事业发展进步的活力之源，在创新创造中把工会工作不断推向前进。

工会工作创新务必把准正确的方向。为此，我们必须坚持以科学理论为指导，深入学习实践中国特色社会主义工会发展道路，努力成为党联系职工群众的桥梁纽带；必须坚持求真务实，紧密结合上海特大型城市工会工作特点，大胆地创新和有针对性地选择工会工作的方法、措施、路径，不断提高工作的有效性；必须坚持以职工为本，切实把握职工群众的所思所想、所忧所喜，努力把职工的诉求表达到位、权益维护到位；必须坚持问题导向，紧紧围绕党政关心、社会关注、职工群众关切的热点难点问题，大力化解工会工作中的瓶颈问题和薄弱环节。

基层及其实践是工会工作创新发展的重要阵地。近年来，上海各级工会组织和广大工会干部立足实际，积极探索，在推进“两个普遍”、构建和谐劳动关系、提升职工素质等方面，形成了许多有成效的新做法，创造出许多鲜活的新经验。为有效促进各级工会之间的交流、学习和借鉴，市工运研究会会同劳动报社采编了百则 2011 年上海工会工作创新案例。我相信，本书的出版将对弘扬创新精神、宣传创新活动、激励创新行为，产生很好的推动作用；具有光荣传统的上海工会，必将按照市委和全总的要求，上下求索，创新创造，不断谱写上海工运事业新篇章。

上海市人大常委会副主任
上海市总工会主席

目　录

第一部分

服务发展大局

1. 上海汽车集团股份有限公司工会

全价值链立功竞赛增强企业核心竞争力

近年来，上海汽车集团快速发展，已由原来传统意义上的国有企业转变为一家国有控股的上市公司，业务涵盖整车、零部件、服务贸易、金融和对外投资等多个板块，其中主营业务板块是整车、零部件和服务贸易。集团经营范围的扩大，对提升产品、售后服务质量等方面提出了更高的要求。集团工会紧紧围绕企业发展的重点和难点，深化“先锋号在行动”，积极开展以整车厂为龙头，零部件企业、供应商和经销商共同参与的全价值链立功竞赛。

一是统一思想，整体行动。首先，确定“先锋号在行动”立功竞赛六大内容：降本增效，提高劳动生产率；优质低耗，提高用户满意度；节能减排，促进可持续发展；技术创新，焕发职工积极性；建“经营体”，苦练内功增效益；帮困助贫，拓宽关怀受惠面。其次，以整车企业为龙头，号召业内外包括供应商和经销商在内的几十家单位参与竞赛，通过召开竞赛动员大会，统一思想，明确目标；其三，零部件企业同步跟进，制订具体落实措施和对策，形成“整零协同”立功竞赛格局。

二是转变思路，创新模式。实现立功竞赛目标从过去单纯数量型向质量效益型转变，贡献力从工人加班加点向智力与体力相结合型转变，组织形式从过去阶段性突击型向常态性长效型并重转变，工作格局从过去单纯以工会为主，向党政领导、部门配合、工会运作、全员参与的新格局转变。

三是全员参与，丰富内涵。各参赛单位动员广大职工广泛参与，积极开展合理化建议活动、工程师创新论坛、QC小组活动、推进“万人技能提升计划”等群众性技术创新活动，为职工创新创造搭建更多平台。同时，在确

竞赛选手正在进行技术操作

保产量、质量和成本的基础上，着力增强凝聚力、着力创新载体、着力维护品牌，让职工人人争当企业品牌大使，传播实现上汽集团的愿景和价值观。

四是总结经验，积极推广。在竞赛过程中，所有参赛单位不断总结、提炼立功竞赛活动中的先进事迹和典型经验，集团工会及时表彰、总结推广，授予立功竞赛先进“先锋号”和“先锋岗”称号，通过《劳动报》和《上海汽车报》进行连续、集中的宣传报道，进一步扩大立功竞赛活动在集团各企业广大职工中的影响力。

全价值链立功竞赛开展后，进一步增强了广大职工参与立功竞赛的积极性和主动性。2011 年，上汽集团共有 119 837 名职工提出合理化建议 984 937 条，实施 923 378 条，节约总金额达 23.6 亿元，为上汽集团整车销售突破 400 万辆作出了积极贡献。

编者点评：

开展劳动竞赛活动是工会服务企业发展、提升职工素质的重要抓手。如何把眼光看得更准、放得更远，积极适应企业和职工发展变化的新特点，在组织开展劳动竞赛工作中主动作为、有效作为，这是各级工会面临的新课题。上海汽车集团工会在推进劳动竞赛中，敏锐地意识到汽车的生产、物流、营销、服务等已成为一个价值链，充分发挥集团整车企业龙头作用，把零部件企业、供应商和经销商等统筹纳入到劳动竞赛范围，通过不断培育竞赛品牌、开辟新型赛区、创新竞赛模式等各种方式，充分激发职工创新创造活力，不仅为确保企业逆势做强、继续领跑中国汽车市场发挥了重要作用，也为同类企业如何开展立功竞赛提供了有益经验。

2. 中国商用飞机有限责任公司工会

开展主题实践活动提升大飞机研制能力

中国商用飞机有限责任公司是实施国家大型飞机重大专项中大型客机项目的主体，也是统筹干线飞机和支线飞机发展、实现我国民用飞机产业化的主要载体，承担着C919大型客机和ARJ21新支线飞机的研制任务。目前，两大型号分别处在工程研制的重要节点和取证交付的关键阶段。商飞公司工会紧紧围绕公司战略任务，以“干线研制我创优，支线交付我争先”主题活动为抓手，引领公司广大干部职工建功立业。

一是明确活动主线。在创先争优活动中，工会明确要紧密围绕公司重大任务及时间节点，以车间、工段、班组、岗位为阵地，落实“三个抓”(抓重点工作、抓统筹推进、抓推动载体)，做到“三强化”(强化队伍素质、强化责任意识、强化经验总结)。同时，要求车间、工段和班组等基层一线组织根据自身实际，结合岗位特点和任务需要，认真讨论确定创先争优活动承诺事项，并融入到所在党组织的创争承诺体系中，有效推动中心工作。

二是开展劳动竞赛。组织开展“抓五保(保质量、保安全、保成本、保节点、保交付)、创一流，为民机研制发展作贡献”主题劳动竞赛活动，积极推动“攻克民机研制难关，推进公司科学发展——十大攻关队，百名示范岗”实践活动，不断激发广大职工攻关、立功的积极性和创造性。

三是注重选树典型。在班组建设中，充分发挥党员带头作用，把班组创先争优融入基层党组织建设，以“十好”为标准，以创建金牌“翱翔号”班组、银牌“腾飞号”班组和铜牌“展翅号”班组为动力，掀起创建优秀班组的高潮。在个人典型选树中，借助多样化舆论宣传平台，大力树立在飞机研制中的标杆楷模。

中国商飞工会创先争优活动开展以来，公司先后有多个集体和多名

商飞职工进行技能竞赛决赛

个人获得全国工人先锋号、全国劳动模范等荣誉，极大鼓舞了广大职工“共创民机伟业，成就精彩人生”的斗志和决心，实现了大飞机研制进度提速，支线飞机交付运营提速和公司核心能力建设提速等目标。

编者点评：

深入开展创先争优活动，是新形势下工会加强自身建设的重要举措。商飞公司工会把创先争优理念融合到组织动员职工建功立业的主题实践活动中，特别是适应大飞机研制项目的特点，活动主题明确，活动形式灵活，通过技能比武、岗位创新等举措，充分发挥了职工队伍的主力军作用，进一步激发了职工的创新创造活力，在攻克民机研制难关、完成急难险重任务、实现科研生产经营目标中做出积极贡献，也充分证明了工会在服务大局、促进科学发展中能担当重任。

3. 沪东中华造船(集团)有限公司工会

合理化建议"会员制"激发职工创造活力

随着近几年造船行业的新技术、新工艺、新材料的层出不穷，以及新型船舶和高新工程建设项目的承接，沪东中华造船(集团)有限公司面临很大挑战，迫切需要汇聚职工的聪明才智，为企业管理改进和技术革新提供新动力。工会在公司党委、行政的全力支持下，探索创新合理化建议活动的长效机制，构建了以"会员制"为基本载体的合理化建议运作机制。

一是建章立制推进，确保常做常新。在公司党委和行政的支持下，公司成立了以工会、科协、综合技术部等人员组成的合理化建议办公室，负责日常的发动、组织、征集、推进、评审等工作，各管理和生产部门成立合理化建议工作小组。制订《职工合理化建议活动实施办法(试行)》、《合理化建议会员制管理办法》等规章制度，使合理化建议活动处于常态推进中。同时，还建立了合理化建议工作与管理和生产部门绩效考核、月度"双文明"红旗竞赛评比、党支部考核、季度优胜工会评比的"四挂钩"机制，使开展合理化建议活动常做常新。

二是创新活动载体，激发参与热情。经过调研、论证后，集团工会推出了"职工合理化建议会员制"，任何一位职工向所在管理和生产部门的工会提交了合理化建议并通过管理和生产部门合理化建议工作小组评审后，推荐给公司合理化建议办公室，即为这名职工记分，自动发展为公司合理化建议活动俱乐部会员，建立会员档案，发放会员证。以后每次上报到公司的合理化建议，都由公司工会牵头开发的会员积分软件自动生成奖级、积分等数据。积分可获得公司工会奖励。这一创新载体的运用，使会员队伍迅速扩大，2011 年达到 1 871 人。

三是专家完善建议，申请技术专利。会员提交合理化建议后，由工会牵头，

项目工程建设现场

公司相关专业高级工程师组成专家组，根据会员提交合理化建议的情况及时召开专题研讨会进行完善，对具有重要创新性的建议，上升至发明成果，申请专利。

四是健全激励机制，注入持久活力。工会设立合理化建议成果发布会，年中发布成果并由专家点评，年末有成果发表并表彰先进单位、优秀组织者、先进个人；每季度在公司综合大楼、食堂、局域网、司报等发布季度合理化建议获奖情况；建立提交合理化建议与技能晋升挂钩等系列制度。这些激励机制极大调动了职工参与的积极性。

2011 年，合理化建议有 47 条转化为成果，创造经济效益达 2 300 余万元。7 项合理化建议经公司向国家专利局申请发明专利，5 项合理化建议准备申请发明专利，还有 5 项已列入 2012 年企业标准修订计划。2 项合理化建议成果成为企业培训教材，1 项获市总工会安全生产金点子三等奖。

编者点评：

合理化建议活动是充分发挥职工积极性和创造性的有效载体，也是职工参与企业管理、共谋企业发展的重要措施。合理化建议实行会员制，提高了职工的归属感，让职工真正成为企业发展“智库”的一员，有利于调动他们的积极性和创造性。给予会员积分奖励，不但可以稳定老会员，还可以开发新会员，不断补充智库的新鲜血液。有了一定的奖励促进，职工建议的热情也能保持长久不衰。沪东中华造船厂工会在实行会员制过程中，不断探索新思路和新方法，利用现代化的手段，突破了职工提交建议的时间空间限制，极大提高了工作效率和群众参与度。这个案例给各级工会如何开展好合理化活动提供了很好的经验。

4. 上海轻工业工会联合会

创设竞赛载体推进产学研合作

在轻工业行业，相当部分的中小企业存在自主创新能力不强、产品结构难以适应市场需求、职工队伍技术技能不高等方面问题。如果单纯依靠中小企业自身积累来提升能力、培养人才，难度大、周期长，现实操作性不强。针对上述情况，轻工业联合工会从行业中小企业在发展中遇到的难点问题出发，以开展劳动竞赛为载体，搭建了企业、行业协会和高等院校产学研合作平台，切实提高了行业内中小企业创新能力。

一是转变思路，创新模式。改变传统的产学研合作“企业出经费、院校出成果”的模式，提出“行业出课题，工会搭平台，高校育人才，合作出成果”的新模式，轻工工会携手行业协会和高等院校，面向全社会举办“轻工杯”创意设计大赛，由行业提出大赛课题，高校组织学生参加，工会搭建交流平台。

二是长期合作，形成机制。以创意设计大赛为载体，为企业与院校相互签订合作协议牵线搭桥。在轻工工会推动下，一些公司与大学纷纷签订“合作协议”，通过设立“人才培养基地”和“人才实习基地”等形式，形成了职工与大学生交流培训的长效机制。

三是加强策划，扩大影响。加强对设计大赛的创意策划，在竞赛范围上实现从行业向全市扩展，竞赛主体上从企业技术人员向高校教师学生扩展，竞赛内容上实现从传统的赛体力、比速度向赛智力、比创意拓展，进一步扩大了竞赛的社会影响和专业化水平。

目前，轻工工会已连续举办了时尚生活用品、钟表、LED 新光源灯具等多项创意设计大赛，许多参赛产品在赛程中直接被市场认可。如钟表创意设计大赛一等奖作品被企业相中，制成礼品表投放市场，获得了良好的经济效益和社会效益。一些公司与大学的合作取得实质突破，如上海

产学研基地签约揭牌仪式

琪海文体用品有限公司与上海大学签约共建"工业设计产学研基地",企业发挥拥有机械加工能力的优势,将上大学生设计的"多功能代步器"等健身器材作品制成实物样品,既让学生体现了创意价值,也直接推动了企业产品向适应市场需求的产品结构转型;钟表行业协会与上海工程技术大学艺术设计学院共同签约成立的"上海市钟表创意设计工作室",目前又接到企业的设计委托,为上海钟表行业良性发展发挥积极作用。

编者点评:

上海轻工工会是在市总工会领导下、具有产业工会属性和职能的轻工行业工会自愿联合的工会组织,其对下属的行业工会更多是发挥指导服务作用。轻工工会主动寻求开展劳动竞赛的"商机",发现行业内中小企业缺乏研发资源并且难以通过市场交易获得,而学校又特别希望将研发成果转化。基于此,轻工工会充分发挥动员社会力量为中小企业发展提供交流平台的组织优势,创新产学研合作竞赛模式,不仅为中小企业和行业职工提升创新能力提供了最节约成本、最节约时间的途径,也引导行业内企业在合作交流中不断学习,提升了企业的战略思想、组织文化和解决问题的能力,使企业获得长期发展的动力。

5. 中国电信工会上海市委员会

创新载体机制赋予劳动竞赛时代特色

进入“十二五”之后，上海明确提出要建设“智慧城市”，上海电信要在加快城市光网建设、降低宽带上网资费等方面发挥主力军作用。围绕上海和公司发展大局，上海电信工会从创新群众性劳动竞赛载体机制入手，努力打造富于时代特色的劳动竞赛活动，有力推动了企业创新发展。

一是建立竞赛机制，加强赛程管理。制定《劳动竞赛实施细则》和《技能竞赛实施细则》；通过与行政集体协商，把“按人工成本总额的 0.25%提取劳动竞赛专项奖励费用”列入公司集体合同；成立劳动竞赛领导小组，定期召开竞赛例会，做到制度、组织和资金“三保障”。为了强化赛程管理，定期编发《竞赛简报》，开辟 OA 公告栏“职工天地”交流空间，建立竞赛联络员赛事沟通机制，营造良好的竞赛氛围。

二是确立竞赛重点，创造典型经验。以班组竞赛为单元，结合企业发展难点确立竞赛重点，将新技术学习、新业务培训、新技能练兵融入竞赛全过程。相继推出《徐珺光网操作法》、《吴文巍网厅操作技巧》、《112 英子受理法》、《尤亦君攻楼六步法》等先进操作（工作）法，并推广到日常工作。

三是提炼竞赛精神，形成良性循环。在竞赛过程中，电信工会总结提炼出三种精神，分别是潜心钻研、孜孜以求的学习精神，齐心协力、协同作战的合作精神和心系企业、勇争第一的拼搏精神，为推进新时期劳动竞赛提供了强大精神动力。

上海电信工会组织职工开展劳动竞赛，通过交流竞赛金点子、推动技能创新等手段，为企业培育了更多职工人才，许多职工成为了技术业务的专家、市场营销的能手，职工科技创新的主力军作用进一步体现，推动城

企业领导为劳动竞赛获奖职工颁发证书

市光网等建设取得新的突破。目前,上海城市光网覆盖用户已超过 400 万户,发展用户超过 130 万户,平均带宽已达 8M,上海已成为中国“城市光网第一城”。

编者点评:

劳动竞赛是工会一项具有优良传统的常规工作,也是一项必须随着时代发展而发展的工作。电信工会高度重视劳动竞赛工作的创新,积极赋予劳动竞赛时代特色,可以给我们很好的启示作用:一要创新竞赛理念,把劳动竞赛作为实现企业发展与职工成长同步推进、职工技术技能水平与科技创新素质同步发展的重要抓手,加快培育一支知识型、技能型、创新型职工队伍。二要高度重视班组劳动竞赛,坚持从班组抓起,从岗位做起,进一步增强和扩大竞赛的群众基础,把更多的一线、基层职工吸引到竞赛活动中来。三要不断创新竞赛的方式方法,紧紧抓住企业经营管理的重点、难点问题,精心设计竞赛载体,不断创新竞赛模式,切实提高劳动竞赛水平。

6. 中交三航局有限公司工会

“双献成果发布”促进企业发展

近年来，中交三航局有限公司工程规模越来越大、领域越来越广，科技含量越来越高。紧紧围绕公司生产经营中心，带领广大职工为企业发展贡献聪明才智，用科技创新助推企业发展成为工会的重要工作。三航局工会充分发挥组织优势，依托职工开展献计献策（以下简称双献）的“主人杯”双献成果发布活动，取得很好成效。

一是进行活动部署。由局工会下发文件，对双献活动进行部署动员。在活动过程中，局工会发挥自身优势，在组织好、策划好、引领好上下功夫。各公司工会则做好具体督导服务工作，联合科技、工程等相关部室，引导各单位将献计献策活动与职代会提案办理工作结合起来，与有针对性地开展专题调研结合起来。

二是征集双献成果。在工会指导下，职工按照文件要求深入开展调查研究，围绕企业生产经营、安全保护、节能减排、施工工艺，推广科技成果、先进经验与合理化建议等中心工作积极建言献策，通过论文或调研报告的形式提出有分量的意见与建议。

三是实行分级评审。意见和建议由下属分公司认真组织、收集后，召开分公司双献成果发布会，之后将分公司获奖成果推荐参加局工会的双献成果发布会。对于分公司上报的双献成果，局工会组织专家预审确定入围篇目，在发布会上，首先由成果作者进行交流展示，然后由评委现场打分，确定名次，最后由专家对所有成果一一点评。

2011年，双献成果发布会共收到论文33篇，在会上发布13篇，《无线测试技术在海上风机整体安装测试中的应用研究》等8篇论文分获一、二、三等奖，获奖的成果涉及到企业管理、安全生产、科技创新等方方面

“双献成果发布会”获奖选手合影

面，其中一些成果被直接运用到生产中，为企业节约资金数千万元，解决施工难题 20 多项；一些好的经验和方法被编印成册发放给职工学习参考，一些成果还被上报到上海市级或更高的层面。“献计献策”活动也成为企业发现人才的摇篮，参加过双献成果发布的选手中不少走上了管理岗位。

编者点评：

职工是促进企业发展的主力军，职工队伍的素质决定着企业的前途与命运。职工群众中蕴藏着无穷智慧，关键就在于如何发掘与激发。三航局有限公司工会围绕企业中心工作，通过“主人杯”双献成果发布会这一平台，积极为职工发挥聪明才智和各基层单位总结交流技术、管理经验创造条件，着力激发职工中蕴藏的智慧和创造活力，抓住了群众性科技创新活动的关键，充分体现了工会在服务企业发展大局中的重要作用。

7. 上海城建(集团)公司工会

推进项目管理专项竞赛提升项目效益

上海城建集团是一家建筑施工型企业。前些年,集团承建的工程项目多,工程量大,但经济效益增长却没有与之完全同步,经过分析,原因之一是项目管理的作用没有到充分发挥。针对这种情况,集团工会组织开展了“加强项目管理,推进项目经理职业化建设”专项竞赛活动,为公司实现规范管理、提高项目效益发挥了重要作用。

一是统一思想,深化认识。集团工会通过形势任务报告会、座谈会、职工与领导干部恳谈会、《上海城建报》等各种形式开展宣传教育活动,让广大城建职工充分认识到推进项目经理职业化建设是集团实现跨越式发展的需要,是人才队伍培养的需要,也是夯实企业内部管理体系的需要。

二是选择试点,有序推进。选定轨道交通 16 号线 6 标和 9 标作为试点单位组织开展专项竞赛,通过座谈会了解职业项目经理建设的进程和存在的问题,根据工程建设不同阶段的特点制订考评标准。先后会同相关部门对两个标段进行综合考评,不仅研究解决了存在的相关问题,还总结推广了有关项目部的先进经验。在试点基础上,集团工会进一步扩大项目经理职业化建设专项竞赛覆盖面,在保障房建设项目中选择有条件的项目部进行对口竞赛,要求各相关单位根据本单位项目建设实际开展专项竞赛,并纳入集团专项竞赛的总体考核体系。

三是加强关爱,强化保障。集团工会建立了对项目经理的关爱机制,在工作上,积极推动、配合行政搞好职业项目经理培训班,明确培养目标、措施,落实带教责任人、考核办法和奖励措施,为项目经理提高能力提供帮助;在生活上,及时了解、帮助项目经理因忙于工作而产生的家庭困难,解除他们的后顾之忧,使他们能全身心地投入到工作中去。

两个参赛的项目部签订对口竞赛协议

通过推进项目经理职业化专项竞赛，项目经理队伍素质明显提高，涌现了一批在业界和社会上有一定影响的"优秀项目管理部"和"优秀项目经理"，集团的项目经济效益得到明显提升。

编者点评：

劳动竞赛是工会围绕中心、服务大局的重要抓手，随着经济社会发展，许多企业工会除了在竞赛的广度上下功夫，更加注重推动竞赛向纵深方向发展，切实增强竞赛的针对性和实效性。城建集团工会开展的项目经理职业化建设专项竞赛就充分体现了这个特点。一方面，聚焦企业生产经营领域的薄弱环节，将企业迫切需要解决的问题作为劳动竞赛的目标，形成了行政与工会共抓竞赛的合力。另一方面，突出了专业化的要求，以项目经理职业化建设专项竞赛为抓手，将项目经理的责、权、利相结合，通过调动项目经理的主观能动性，带动整个城建职工队伍的积极性和创造性，保证了集团各项业务的顺利推进。

8. 上海市医务工会

“劳模专家义诊活动”服务社会

医疗卫生单位的劳模是宝贵的社会财富，他们中有在医学领域蜚声海内外的中国工程院院士，有在医疗诊治和研究领域做出显著成绩的中青年骨干，还有虽已退休但医术仍然娴熟的老专家、老劳模。随着市级医疗卫生单位劳模联谊会换届，新一届理事会倡议，要充分借助劳模联谊会这一平台，整合医务系统劳模资源，发挥劳模专家优势，组织开展为市民和革命老区百姓的义诊活动。为此，上海市医务工会推出了以服务广大市民及革命老区人民为主旨的“劳模专家义诊活动”。

一是市区联手，扩大劳模参与面。市医务工会整合市、区医疗资源，除组织 35 家市级医疗单位的劳模参与外，还先后组织了 25 家区级医疗单位劳模参加，形成了市区两级医院劳模联手义诊团队。

二是宣传先行，扩大社会知晓面。为发动有需要的市民和革命老区百姓前来咨询，活动开展之前一周内，通过宣传媒体向社会公告，将义诊时间、地点、咨询科别、专家情况进行宣传。同时，制作海报、义诊入场券，提前下发给需要者。义诊当天，下发专家座位表和简介，方便咨询者选择。

三是科学设置，提高义诊针对性。在每次义诊活动的前期准备中，根据义诊地的实际，合理设定劳模专家的科别。特别是在赴革命老区义诊前，提前一个多月与当地卫生部门取得联系，取得当地部门的支持，并就当地的常见病，需要的专家类别、人数以及其他服务方式，征询当地意见。比如，在赴遵义义诊时，配备了擅长风湿病诊治的专家，在赴宁夏同心县义诊时，增多了眼科、妇科专家的数量，并安排两名眼科专家现场为 19 名白内障患者进行了复明手术，受到当地百姓的热烈欢迎。

四是医教结合，普及防病认知力。除义诊当天由专家提供健康咨询

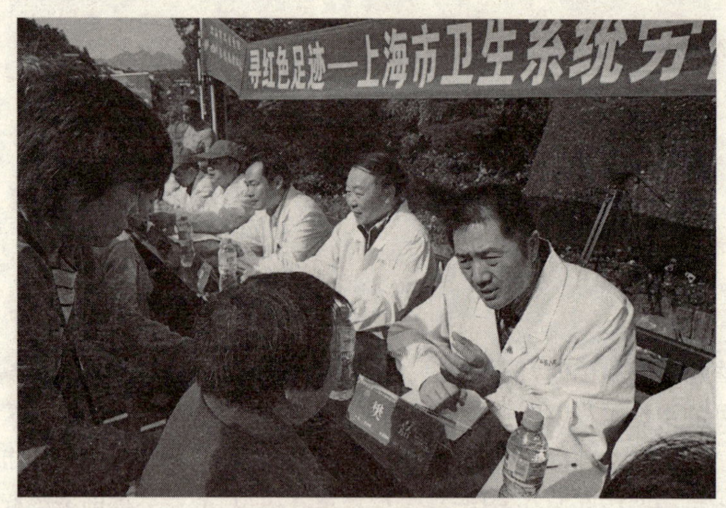

劳模专家在井冈山义诊现场

外，还组织专家开设健康讲坛，宣传、普及健康和医学知识。比如，在革命老区井冈山、遵义，上海的医学专家与当地医务人员共同探讨一些疾病的防治方法，上海的不少先进做法启发指导了当地的医务人员。

目前，市医务工会已先后组织了9次劳模专家义诊活动，其中本市内大型义诊3次，组织赴新疆喀什、湖南韶山、江西井冈山、陕西延安、贵州遵义、宁夏同心县等革命老区义诊6批，参与义诊的劳模专家总计280多人次，服务群众7 000多人次，均取得了良好的社会反响。

编者点评：

劳模是整个社会的宝贵财富，他们都非常愿意以自己的实际行动回报社会。就工会来说，既要做好传统的劳模慰问、疗休养以及劳模宣传等服务工作，也要积极为劳模充分发挥社会作用创造条件、搭建平台，努力使劳模的社会价值最大化。同时，还要充分考虑一些具体问题，比如要发挥好劳模自身的专业优势和业务特长，要采取方便劳模发挥作用的活动方式，像劳模义诊、劳模结对、劳模讲坛都是很好的探索。市医务工会推出的“创先争优劳模专家义诊活动”，就综合了以上因素，对如何有效运用劳模资源、创新劳模工作思路具有借鉴价值。

9. 中国电信集团工会号百信息服务有限公司委员会

“班组活力工程”夯实企业发展基石

中国电信集团号百信息服务有限公司是中国电信股份有限公司的子公司,成立于2007年8月。公司现有职工600人,平均年龄不到30岁,大学本科以上学历员工占总数的近90%。号百工会把班组建设作为重要着力点,积极配合企业行政,以提升凝聚力为出发点,以提升执行力为侧重点,以提升创造力为突破点,实施了“班组活力工程”。

一是推动企业核心价值观在班组落地。工会把做好职工思想政治工作与职工行为特点和心理诉求结合起来,与开展各类文化活动结合起来,与解决职工实际困难结合起来,先后组织职工进行企业核心价值观大讨论,通过《电信号百报》等载体畅谈学习讨论体会,引导职工在思想和行为上主动融入中国电信号百公司大家庭,自觉践行企业核心价值观。

二是创新班组执行体系。主要抓好以下几个关键环节。在班组长选用上,选用思想好、技术精、懂业务、会管理、作风正、干劲足的人担任,加强班组长的培养,制定班组长基层推荐制度、教育培训计划、考核激励机制、班组成员监督机制等。在组织架构设置上,尽可能减少管理层级,实现组织架构扁平化。在管理手段上,通过OA系统、“通通网”平台、“微博”新媒体等平台建设,以信息化助推班组管理现代化。在职责分工上,按照不同类型班组的职能和工作量,合理设置岗位定编,分解岗位职责,详细制订岗位说明书,实行网格化管理。在过程控制上,将企业需要重点控制的指标进行量化考核,引导班组自我管理;同时,通过每周的定期督查,及时发现问题、总结经验,确保工作任务落实。

全员健身日活动中职工进行广播操预演

三是构筑职工与企业共建共享共赢格局。将企业增效与职工个人增收相结合，建立真正“向一线倾斜、按业绩分配、随企业效益状况上下浮动”的薪酬管理体系；将企业发展与职工自我价值实现相结合，合理设计职工职业生涯发展规划，建立有利于优秀人才脱颖而出的育人、选人、用人机制。

通过以上举措，号百公司的“班组活力工程”取得初步成效，增强了基层职工对公司“客户为先、责任为重、协同为要、创新为魂”的核心价值观认同度，职工的自我创新能力进一步提高，如职工孙永学主导研发的商旅订餐平台是目前国内最大的餐饮预订服务平台。同时，培育了一批业务精通、善于管理的班组长队伍，为公司业务拓展奠定坚实基础。

编者点评：

基层班组是承上启下的有效“管道”。规范的班组管理是企业形成良好秩序的基础。只有激活班组的“小细胞”，才能强健企业“大肌体”，才能有效承载企业战略执行、管理落实、文化落地的目标任务。号百公司工会在推进班组建设中，以健全的制度体系、完善的过程监督、严格的考核手段等作为支撑，注重在班组管理的科学、实用、简明、易行上下功夫；同时，深层次挖掘班组职工潜能，将实现企业发展目标与满足职工需求愿望有机结合起来，形成职工与企业共同发展的和谐互动，对于破解班组建设难题、进一步打牢基层基础建设具有重要意义。

10. 嘉定区总工会

建立“三五三”平台加强劳模服务管理

随着劳模的属地化管理和每届评选新增以及区外劳模的转入，嘉定区总工会管理服务的劳模目前已达400余名，分散在各个街镇和系统中。其中，退休劳模有270名，70岁以上的有155人，且大部分患有多种老年疾病。为做好劳模管理和服务工作，嘉定区总工会根据区内劳模队伍不断壮大和分布广的特点，以及退休劳模比重大、多病的情况，搭建了以“三个一”管理体系、“五个一”温馨工程、“三项扬劳模精神举措”为内容的劳模管理服务平台，取得了良好效果。

一是构建“三个一”管理体系。其一，完善一个组织体系。坚持统一领导、分级负责、分级管理的原则，确立“区总工会——劳模协会——劳模小组”的组织体系，健全“培育、评选、表彰、宣传、管理、服务”的工作制度，逐步完善区、街镇和企业工会“二级管理、三级服务”的管理机制，推进本区劳模管理工作更加制度化、规范化。其二，遵循一个《协会章程》。按《嘉定区劳动模范协会章程》规定的工作程序和任务，不断完善工作运行机制，先后建立和完善了理事会制度、信访接待制度、劳模理事联系制度、患病劳模慰问制度等。坚持每年召开一次理事会会议和协会年会，听取和审议协会理事会提出的年度工作报告和工作计划，研究决定协会的重大问题。其三，建立一个劳模信息库。在历年劳模情况调查工作的基础上，经过整理、更新和完善，建立了信息详实、动态管理的劳模数据库，有效加强了劳模管理的基础性工作。

二是推进“五个一”温馨工程。每年送上一束鲜花，即为每位在职劳模生日当天送上一束鲜花和一个电话祝福。每年组织全区退休劳模进行一次免费健康体检，邀请专家上门为劳模提供医疗咨询，经过不断推进，目前已将免费健康体检的对象扩大到企业在职市劳模、支内返沪市劳模和因企业破产、倒闭等原因造成无主管单位的市劳模，累计组织 1200 余人次参加体检。每年开展“一日游”活动，根据在职和退休劳模的不同特点，在职劳模休养以安排长线为主，退休老劳模每年分批组织“一日游”活动，活动开展以来，已有近千人次参加。为 200 多名退休劳模每人制作一张结对服务卡，劳模可以通过卡上的电话号码联系自己的“私人医生”，足不出户就能享受到指定的社区医生为他们提供的医疗服务。这些“私人医生”是嘉定区总工会与区卫生局经过协商，挑选出的资历较深、临床经验丰富的医护人员，以社区为单位与退休劳模结对，提供医疗帮助。坚持每位劳模至少走访慰问一次，在元旦、春节、国庆等重大节日期间，组织各级党政领导和工会干部走访慰问劳模，特别是加强了对困难劳模的走访，对于患病住院的劳模，嘉定区总工会在知晓后的第一时间前往探望。通过走访慰问，对困难劳模的具体生活情况更加清楚，为劳模的排忧解难更加及时。

三是推出“三项举措”弘扬劳模精神。其一，搭建宣传平台。每年通过新闻媒体、巡回演讲会、座谈会、每年的“五一”庆祝活动等多种形式，宣传劳模的先进事迹，使劳模精神不断发扬光大。其二，形成带教氛围。以创建和谐劳动关系、“工人先锋号”、“名师育高徒”等活动为载体，充分发挥劳模的传帮带作用，有效提高广大职工的生产、技能、管理水平，发挥劳模在促进企业平稳健康发展中的示范导向作用。其三，注重新一代劳模培育。探索和完善培养劳模、选树劳模的工作机制，通过选树典型，推出了一批又一批代表全区各条战线劳动群众的模范代表。

嘉定区总工会以“三五三”服务管理平台为抓手，不断提高劳模服务管理水平，将对劳模的关心和爱护落到实处，各项关心劳模、爱护劳模、服务劳模的措施受到广大劳模的欢迎和好评，劳模们感到自己有个“温馨的家”。通过积极宣传劳模的先进思想和先进事迹，号召广大干部群众向劳模学习，在全区进一步形成了“尊重劳模、崇尚奉献，学习劳模、崇尚创造，争当劳模、崇尚干事”的良好氛围。

劳模小组组长进行工作经验交流

编者点评：

劳动模范是全社会的宝贵财富。把党和政府对劳模的关爱落实好，做好劳模的管理和服务，让劳模精神成为推动经济发展和社会进步的强大动力，是各级工会服务发展大局的一项重要工作。嘉定区总工会从满足不同劳模群体的需求出发，建立劳模管理体系，把为劳模服务的宗旨体现在具体工作中，努力为劳模办实事、做好事、解难事，基本实现了劳模管理服务工作的制度化、规范化、程序化。这一做法进一步提高了劳模工作管理质量和服务水平，使劳模活动更加丰富，更重要的是，通过工会的关爱服务，特别突出为困难、退休的老劳模服务，把党和政府的关爱服务送到劳模家中，让劳模充分感受到，不管经济社会如何发展，党和政府永远不会忘记广大劳模曾为社会做出的杰出贡献，对倡导形成勤奋劳动、诚实劳动、创新劳动的劳动观具有重要意义。

11. 普陀区桃浦镇总工会

“十佳合理化建议金点子活动”惠及非公企业

开展合理化建议、技术革新创造等职工经济技术活动是工会激发职工岗位创新热情、提高职工岗位创新能力的传统做法。随着社会主义市场经济体制的建立和非公企业的快速发展，这一做法不仅在国有企业继续发挥着调动职工积极性、创造性、推动技术进步的重要作用，而且在非公企业同样有其强大生命力。普陀区桃浦镇总工会根据非公企业总数达到 3 282 家、非公经济已成为全镇经济发展的中流砥柱及创税主力军的实际情况，在组织镇、园区和企业三级职工技协网络进行专题调研后，决定进一步创新工作理念，拓展工作方式，以评选“十佳合理化建议金点子”为载体，在非公企业中广泛开展合理化建议等群众性科技创新活动。一方面通过多种途径提高非公企业领导对开展合理化建议活动的认识，一方面发出了“关于开展‘同舟共济保增长，建功立业促发展’活动的倡议”，要求以开展“十佳”活动为抓手，深化群众性科技创新实践活动，推动职工“岗位学习、岗位创新、岗位成才、岗位奉献”。在实践中，逐步建立和完善了一套行之有效的合理化建议活动推进模式。

一是健全活动推进机制。坚持强化活动过程系统管理的有效推进，逐步探索形成了职代会通过“实施意见”、镇政府与镇总工会联席会议协商，技协制定“活动方案”和“月度推进”、“半年小结”、“全年总结”的管理模式。同时，通过“三定”：定指标、定责任、定节点和“三抓”：抓培训、抓重点、抓规范，形成全员参与“十佳”合理化建议活动的推进态势。

二是健全活动评审机制。镇层面设立了合理化建议专门委员会、镇政府与镇总工会联席会；园区层面设立合理化建议评审委员会，分层负责审议、确定年度活动方案及对合理化建议的评审、奖励工作。各企业成立

桃浦镇一非公企业开展合理化建议活动改进工作流程

厂、车间、班组三级合理化建议初审小组，定时开展评审活动，确保科技创新项目质量。镇专门委员会制定了“十佳”评选标准，通过实施并不断深化和完善公开、公平、公正的评审机制，增强其科学性、合理性和可操作性，最大限度地释放员工潜能，实现企业与员工的共同发展。

三是健全活动激励机制。首先是注重营造一种保护员工探索和创新精神的氛围，创造一种尊重知识、尊重人才的工作环境。其次是依据提供科技创新项目的业绩、贡献大小确定奖励标准，及时给予表彰、奖励。镇职代会对“十佳”先进典型进行了表彰，镇政府拨专款给予奖励。企业将“十佳”员工的业绩记入档案，作为评先、晋级、评定职称的依据，并作为申报上一级奖项的基础，充分调动员工投入合理化建议的积极性，形成吸引员工自主参加管理、积极献计献策的氛围。

桃浦镇总工会“十佳”活动开展以来，全镇共有 78 家企业 2 000 多名职工积极参与，共提出合理化建议 200 多条，涉及企业管理、技术创新、节能减排、市场开发等各个方面。不少非公企业采纳“金点子”后，进一步提升了质量、降低了成本、增加了效益。如上海九州通医药公司员工王波提出“完善电子商务功能”金点子，通过设置显示促销信息，更新并细分信息步骤、更新程序、完善时空销售指导系数等措施，增加了客户购买意愿，公司电子商务月均销售额提升120万元。上海斯瑞聚合体科技有限公司职工提出的“活性碳纤维回收、烯类清洗剂节能项目”，经实施后，年节约材料2 910吨，节能效果显著。

编者点评：

普陀区桃浦镇总工会推进“非公企业职工合理化建议”的活动，对我们不断适应新形势新要求，贯彻企业工会工作原则，加强非公企业工会工作有着很好的启示作用。在非公企业开展合理化建议、技术革新创造等职工经济技术活动，是工会服务经济社会发展、促进经济发展方式转变的客观要求，也是非公企业健康发展的内在要求。非公企业要持续稳定健康发展，必须突出以人为本，注重依靠科技进步和提高劳动者素质，调动职工积极性，发挥职工的聪明才智，在共建共享中构建和谐劳动关系。同时，合理化建议活动也是非公企业职工施展才能、实现自身价值的重要渠道。工会组织要为非公企业职工经济技术活动积极搭建平台，通过“十佳合理化建议金点子”这样的活动，着力营造非公企业共建和谐劳动关系的氛围，推动非公经济的健康发展。

12. 宝钢股份特钢事业部工会

建立“创新工作室、指导室”推动企业技术创新

近年来，宝钢明确提出“深化最佳实践者活动，建设自主型职工队伍”战略目标，大力推进群众性创新工作。为落实集团的总体要求，积极引导职工聚焦现场、发现问题、解决问题，营造“提高素质、创新求实”的良好氛围，打造技术创新能手和优秀团队，宝钢股份特钢事业部（以下简称：特钢事业部）研究决定组建一批以团队和职工个人名字命名的创新工作室、指导室，通过建立职工创新工作室、指导室，为职工搭建创新平台，进一步激发职工创新活力，挖掘职工创新潜能，为推动群众性技术创新工作起到了积极作用。

一是营造氛围，多形式宣传发动。通过各类大会为成立创新室宣传，通过《特钢通讯》、拍摄专题录像等宣传渠道和方式，及时宣传、报道工作室亮点及业绩。同时，特钢事业部领导亲自到各创新室走访、了解需求，鼓励职工勇于创新，为职工创新营造良好氛围。

二是分工负责，保障高效运行。制订了《创新工作指导室管理制度》，明确了各级工会及相关职能部门的管理职责。由工会负责总体推进，负责审批和筹建工作指导室，为新筹建的工作指导室提供必要的基础支撑，如电脑、办公用品等硬件设备，并负责日常的管理工作和组织协调，定期对各工作指导室进行检查和评定。由科技部负责为工作指导室在开展各类创新活动中，所涉及的流程规范要求、操作注意事项、管理技术工具等业务与方法，提供咨询、指导与服务。由二级工会为创新室提供必要的工作场所、定期检查各工作室的运作情况，帮助工作指导室解决运作中的问题。

三是创造条件，大力鼓励创新。通过组织创新工作室成员参加国内

创新工作室工作人员开展集体讨论

外发明展、参观工博会、到兄弟单位学习交流等形式，为职工拓宽视野，开阔思路。将表现突出的创新室成员纳入人才库，并推荐业绩卓越的个人、集体参加各类创先评优活动。

目前，已建立创新工作室 5 个、创新指导室 6 个，成功培育出了王静、万宏琪等创新典型，在国家、行业自主管理成果擂台赛上“摘金夺银”，为企业赢得了荣誉。在创新工作室结合生产现场开展的创新活动中，陈涛、沈康等创新工作室也逐渐成为职工创新领跑者。如陈涛创新工作室采用“成员星级管理”、“课题预选管理”等方法，使创新成果实现质量和数量双提升，共有 10 余项专利被受理，其中 1 项为发明专利，已实施合理化建议 87 条，自主管理课题结题 3 项。

编者点评：

建立职工创新工作室、指导室对进一步激发职工创新活力、挖掘职工创新潜能、推动群众性技术创新工作具有较好的借鉴和启示作用。比如，要特别注重创新的“群众性”。职工创新的活力在基层，特钢事业部创新工作室之所以能多出成果，关键就是重视职工，把职工创新工作室、指导室建立在基层、工作在现场，通过对现场创新进行指导、提炼、培训、服务，引导和帮助更多的基层职工参与到群众性经济技术创新活动中来，为基层职工创新实践创造了氛围和条件。比如，要努力为群众性创新工作创造更多条件。群众性创新能持续保持活力关键在于是否有有效的载体机制，特钢事业部就是充分发挥了职工创新工作室、指导室的载体作用，并把创新与创先评优有机结合起来，这样就把创新骨干有效组织起来，把他们的创新创造活力充分激发出来，并带动广大职工一起参与创新，从而在项目攻关、技术改造、技能培训等方面，为企业创造更大的经济效益和社会效益。

13. 上海国际港务(集团)股份有限公司军工路分公司工会

“三字经”强化职工安全生产理念

由于上港集团结构调整的需要,2007年,上港集团新华分公司搬迁到军工路港区,改名为军工路分公司。随着公司的结构调整,业务内容也发生变化,装卸货种由散货变为以钢材为主的件杂货为主,生产作业的专业性要求大大提高。钢材作业是一个高危行业,要把安全生产事故降到最低,安全生产管理就需要进一步规范。因此,如何让全员知晓和牢记安全生产规范,构建新的安全生产体系被提上了企业议事日程。分公司工会以安全生产为着力点,以“企业发展的基石,职工幸福的保障”为指导思想,发动全员参与“安全生产三字经”(以下简称“三字经”)征集活动,有计划、有针对性地开展推广以“三字经”为基本形式的系列活动,构筑起了安全生产长效机制。

一是广泛征集,加强提炼。将征集“三字经”的要求下发到公司各生产和管理部门。各生产和管理部门通过班组学习会等多种形式,发动职工广泛参与“安全生产三字经”征集活动。职工结合岗位实际撰写安全生产三字经,由生产和管理部门汇总修改后,报到公司工会。工会组织有关职能部门人员按各岗位核心内容、基本要素、易记易推广要求,进行润色修改,提炼完善,随后下发到生产和管理部门征求职工意见。通过五次上下修改,使“三字经”得到完善,最终形成了装卸工、起重驾驶员等8个岗位8句精炼易记、涵盖核心的“三字经”。

二是强化宣传,入脑入耳。“三字经”一经确定后,工会就加大宣传推广力度,比如,公司利用春节联欢会的大舞台,以朗诵等职工群众喜闻乐见的表演形式,把“三字经”表演出来,强化职工的安全生产理念。同时,将“三字经”编入公司《安全文化建设汇编》中,下发到班组,作为班组日常学习的内容,使职工安全生产的意识不断得到强化。

工会与公司有关部门研究安全生产工作

三是策划活动,形成长效。争取企业党政支持,以推广“三字经”为契机,形成安全生产文化活动品牌。先后开展了《致公司全体职工及家属的一封公开信》、安全知识竞赛、给农民工的公开信、安全生产格言警句征集、迎中秋打灯谜重安全、班组每日工班会上安全生产必讲、企业安全生产论文发布等企业系列安全生产文化活动。

通过打造安全生产文化,进一步强化了职工的安全生产理念,2011年,上港集团军工路分公司安全生产未发生重大事故和大事故,公司获得了全国安康杯竞赛(上海赛区)优胜单位和优秀组织单位的称号及上港集团“安全生产先进单位”称号。

编者点评:

安全生产事关职工生命财产安全,事关企业发展和社会稳定大局。上港集团军工路分公司工会把促进企业安全生产作为重要任务,积极开展“安全生产三字经”征集等系列活动,把安全生产与推进企业文化、职工文化建设结合起来,与喜闻乐见的、非程式化的活动结合起来,激发了职工参与的主动性和积极性,使职工的安全生产知识从被动灌输转为主动吸收,安全生产意识得到进一步强化,为工会在企业安全生产中发挥作用提供了参考。

14. 上海电气输配电集团工会

创新合理化建议运作模式助推企业发展

上海电气输配电集团工会调研发现，集团内的有些企业，每年都开展合理化建议活动，但是收效并不理想。其中一个重要原因是这些企业合理化建议活动没有形成一套科学完整且行之有效的合理化建议体系，影响了职工参与活动的积极性。鉴于此，输配电集团工会设计开展了“让合理化建议成为企业发展助推器”的活动。

一是搭建平台，在学习基础上研究构建合理化建议运行机制。首先，由集团工会派出工会干部到合理化建议活动做法经验较多的企业，学习、总结这些企业合理化建议运作的先进理念、方式、方法。其次，由集团工会搭建集团内企业工会主席定期学习交流平台，详细介绍先进企业在合理化建议上的成功做法和经验，大家共同学习研讨合理化建议活动应该如何开展。最后，在学习研讨基础上，各个企业工会从融入党委、行政的中心工作出发，会同所在企业行政积极构建合理化建议运作机制，把合理化建议变成企业经济运行中的系统工程。

二是整合资源，突出工会组织宣传培训的作用。首先，积极宣传合理化建议活动的意义与作用，让广大职工充分认识合理化建议不仅有利于企业的降本增效和管理优化，而且有利于展现职工个人的能力和水平。其次，宣传合理化建议的定义与范围，让职工清楚什么样的建议才是合理的建议，所提的建议不仅要指出问题和不足，还要提出相应的解决方案。第三，宣传合理化建议活动的渠道与流程，让职工对这项活动的组织机构和运行模式有清楚的了解，知道怎样去提建议以及自己所提的建议是怎样得到采纳和落实的。集团工会把上述工作作为对各级工会的考核内容，并纳入对新进职工的宣传培训内容。

员工之家合理化建议专栏

三是健全机制，形成适合自身运作的模式。成立评审委员会，对合理化建议的可操作性、实施的经济效益和经费预算、时间等进行评估；创建样板和操作流程，使合理化建议进入常态管理；形成信息反馈系统，让职工充分了解自己所提的合理化建议进展情况；建立合理化建议激励系统，企业对各部门（主要指生产部门）合理化建议工作进行分解、跟踪、考核，而个人则与专项奖金和职务晋升挂钩。

通过推行以上措施，输配电集团工会的合理化建议活动取得了明显的成效。一是促进了企业发展，平均每年收到千人千条建议，特别是在基层企业产生了一批有价值、有代表性的建议。上海电器陶瓷厂有限公司职工《设计制造焊机冷却循环水箱》、《瓷件煅烧》等建议获上海电气二、三等奖。二是推动了集团上下合理化建议活动蓬勃开展，集团先后开展“职工十佳合理化建议”的表彰，并定期汇编《职工合理化建议精选集》；上海人民电器厂等企业举办了职工合理化建议和小改小革成果展等活动，职工参与企业经济发展中的100多项重要成果得到展示，切实提高了职工参与这项活动的积极性。

编者点评：

上海电气输配电集团工会“让合理化建议成为企业发展的助推器”这一做法，对于深入开展群众性建功立业活动有一定的启示。首先，要注重调动职工参与的积极性。合理化建议活动首先是一项群众性活动，开展这项活动要把握好促进企业发展与适合职工参与的平衡点，特别要突出对建议的效果评估，通过物质奖励、职务晋升等形式对职工参与合理化建议活动以及合理化建议为企业创造的价值及时给予认可与肯定。其次，要注重搭建平台，使职工随时可以向管理层、各部门提交改进企业生产、管理等各方面的合理化建议，让管理层及时获得来自一线职工反映的情况，减少工程师、管理者的视角盲区；对一些大型的国有企业集团来说，集团工会还要发挥统筹协调作用，搭建集团内不同所有制、不同类型企业工会的交流平台，互相取长补短，分享先进经验和做法。最后，要注重体系建设，建立起“建议提出、展示推广、评价奖励”等一系列的科学运行机制，推动企业党政将其作为企业文化、自主创新的重要组成部分。

15. 上海工具厂有限公司工会

建立"学李斌能手协会"提升企业经济效益

按照上海机电工会的"学习李斌，做智能型工人"要求，上海工具厂有限公司工会(以下简称上工工会)把"学李斌"活动，作为实施"职工素质工程"的主体内容。随着活动的深入，"学李斌能手"队伍逐年扩大，对如何管理这支队伍提出了新的要求。比如，能手多了，如何对每个能手进行精确考核，如何把能手队伍凝聚成一个强有力的技术攻坚团队，成了推进职工素质工程的新课题。为此，上工工会总结"学李斌"活动经验，在建立"学李斌能手协会"载体、形成长效活动机制等方面开展了积极实践。

一是精心选择主持协会活动的当家人。考虑到协会以技术创新活动为主的特点，工会在选择主持协会活动的常务领导时，设定了一些基本条件：须为技术干部，要具有出色的组织协调能力，具有饱满的工作热情，具有为悉心挖掘和释放会员创造潜力而甘当铺路石的奉献精神。

二是精心培育活动的能动机制。一是建立问题的发现和立项机制。首先由会员把自己在生产过程中发现的技术问题以及解决的建议，向协会提出议案；之后协会领导根据本工厂部门的需要，确定项目，提请协会研究实施；最后由公司的有关技术攻关项目，委托落实到协会实施。每位会员对协会确定的议题，经过2—3周的调研，参加协会讨论方能正式立项。二是建立项目实施责任制。对确立的攻关项目，通过讨论确定实施方案，按时间节点安排明确由谁负责、由谁协助的分工，责任落实到人，对项目进度进行跟踪和质量检查。三是建立工作成果的评价机制。对项目的技术成果进行全面评价，针对存在的问题，提出改进措施并安排实行；对参加活动的职工进行评价与激励，做出成绩的职工能手可以优先享受有关技术培训和先进评选的机会。

技术能手讲授技术创新

三是创造和谐的活动环境。创造“鼓励成功，宽容失败”的和谐气氛，协调好活动人员的思想情绪和人际关系。主动争取党政组织的支持，从政策、经费、硬件等层面，为能手协会活动提供更多的支撑。

通过总结推广，目前已在10个工厂部门组建了“学李斌能手协会”，发展会员211名，提出技术革新项目130项，完成116项，产生经济效益1142万元；同时，协会还提出应对危机的合理化建议93条，在企业进一步开拓工具市场中发挥了积极作用。

编者点评：

在企业层面，通过创造条件、搭建平台提升职工技术技能，是工会促进企业发展的重要抓手。上工工会建设并推广“能手协会”活动，为我们创造了有益经验：一是突出建设主题，把“能手协会”作为学习型团队来建设，通过探讨技术问题、互相学习激励，激发了职工的创新创造活力；二是突出制度建设，确保了活动的组织化、制度化，不仅把技术骨干有效组织起来，也对其他职工产生了辐射效应；三是突出作用发挥，围绕企业的重点难点问题，“能手协会”发现问题、攻关克难，以作为求地位，从而受到企业党政的高度重视和支持，形成了良性循环。

16. 上海日立电器有限公司工会

“笑脸”活动推进企业安全生产

作为一家劳动密集型制造企业，上海日立电器有限公司 6 000 名职工中有来自五湖四海的农民工 3 200 余人。队伍管理难、安全难、稳定难的问题，给企业的安全管理工作提出了严峻的挑战。面对这一情况，上海日立工会不断创新安全生产工作的形式和载体，通过对“心情”管理的探索，提出了“敞开心怀融入企业、释放心情快乐工作、袒露心扉相互关爱、舒畅愉悦安全生产”的活动口号和要求，在职工中全面提倡“安全从心情抓起，心情从‘笑脸’展示”的“笑脸”活动，为“安康杯”竞赛活动在企业内的深入持久有效开展提供了丰富的内容和有力的抓手，更体现出对职工的人文关怀和生命健康权的关注。

一是设立“心情展示看板园地”。在“笑脸”活动的具体开展过程中，上海日立在每一个大组生产线旁边都设立了一块“心情展示看板园地”。在这看板园地上有着大组里每一位员工的姓名，在员工姓名的旁边有一块活动的小翻块，翻块的一面是“笑脸”，另一面是“哭脸”。员工到岗前，首先根据自己当天的身体状况或心情状况将“心情展示看板园地”上自己的小翻块翻成“笑脸”或“哭脸”，袒露自己今天上班时的情绪。

二是发挥班组长情绪管理作用。班组长上岗前履行职责的第一件事就是要通过“心情展示看板园地”了解班组成员当天的心情处在一个怎样的状态。然后在班前会上根据员工的情绪状态在任务安排上做适当调整，尽量不安排心情不佳的员工在流水线作业中从事安全、质量重要的岗位。同时，在工作过程中经常加以对该员工的细微关注，空闲时注意关心该员工的身体状况和情绪状况，适时对其进行慰问和疏导。工会要求班组长改善沟通技巧，因人而异地开展工作，在发现有员工将小翻块翻成

员工在看板园地展示自己快乐心情

“哭脸”时或者员工“表里不一”表现出情绪低落时，避免直接唐突地去询问本人，而是在当天的工作中做有心人对其给予重点的关注，或是从他朋友、同乡那里间接了解该员工心情不佳的原因所在，把对职工的关怀付诸于无声的观察和细微的关注之中。

三是将“笑脸”活动与公司医务室信息联网。车间工会在上班第一时间将“哭脸”员工的信息及时传递给公司医务室，提请医务室在该员工前往就诊时多加关注；同时，医务室将该员工和其他未翻“哭脸”的员工就诊情况及时反馈给车间工会，据此排摸分析职工情绪低落的原因所在和其他需要班组长予以关心的对象，以便有的放矢实施关爱。通过车间与医务室的双向互动，全面细微的掌握员工的身体状况，构筑起一张无形的“安全第一，预防为主”的安全网，使“尊重人、关心人、爱护人、保护人”的宗旨在企业安全管理实践中得到最真实的体现。

“笑脸”活动的开展改变了以往老生常谈的说教方式，不但进一步拉近了企业与员工的情感，加快了农民工与企业的融入，同时进一步提高了企业员工自我安全保护意识，提升了企业安全生产管理水平。“笑脸”活动对安全生产管理的促进效果明显，2011 年以来千人负伤率与以往同期相比，降低了1.5‰，员工流失率降低4%。

编者点评：

关注和保障员工的生命健康安全，不仅要从优化劳动环境入手，同时要从关怀员工情感着眼。上海日立工会在全面推进安全管理的过程中，以情绪管理为核心，将“笑脸”活动作为“安康杯”竞赛活动的创新载体，坚持从“以人为本”的理念关注安全、从企业文化的高度审视安全、从心理情绪的深度管理安全，实现了企业安全管理由物质、制度层面的硬管理向理念、心情层面的软管理的有效结合，实现了安全管理与预防可控相结合、实现了企业安全制度管理与班组安全心情防范相结合，促进了企业安全生产与职工安全健康的稳步发展，这一创新做法值得在更多的企业推广和实践。

第二部分

推进“两个普遍”

17. 浦东新区总工会

深化多方联动机制推进“两个普遍”

浦东新区有各类企业2万多家。近年来，随着两区合并，浦东进一步加快转型发展步伐，国企改革改制力度明显加大，非公中小企业快速发展。同时，还有大量的企业动拆迁，劳动争议数量不断上升。经过认真分析，区总工会认为，浦东的大企业多，又处在上海改革开放的前沿阵地，遇到的新情况新问题偏多，而工会干部力量相对较弱，必须把工会工作主动纳入到党政全局中考虑，必须争取到党政以及社会各方的大力支持，这样才能有效发挥工会作用。

一是加强组织领导。成立了“两个普遍”推进工作领导小组，由区委副书记任组长，副区长任第一副组长，区人保局和区总工会主要负责人任副组长，区委宣传部、商务委、国资委、财政局、企联、工商联等部门和社会团体均参与其中，并明确了他们在推进工会组建、工资集体协商中的具体职责。

二是多方合力推进。首先由区委部署，区总工会下发年度工会组建工作和工资集体协商目标任务书，对责任部门再次细化分工。之后，相关责任部门各司其责开展工作。如在工资集体协商中，由区总工会负责指导基层工会开展工作，区人保部门负责集体协商指导员培训，区企联、工商联负责督促企业主动回应协商要约，区委宣传部将集体协商作为企业申报文明单位的条件。

三是强化检查监督。借助区委联席会议这一平台，对照目标任务书定期对“两个普遍”推进情况进行通报讲评，做到党建、工建同步部署、同步检查。同时发挥相关职能部门督查的作用，如对拒绝组建和协商以及协商不成的单位，由区人保部门适时介入。

四是建立考核机制。在组建方面，由新区总工会与区委组织部联合

浦东新区总工会协同区相关部门召开“两个普遍”工作推进会

下发《关于加强党群共建，深入推进创先争优活动的意见》，以制度形式明确党建工建同步推进、同步考核，其中建会情况与党群工作者收入实行挂钩。在工资集体协商方面，由区集体协商机制建设推进工作领导小组对街镇、开发区等基层单位实行具体考核和检查。

浦东新区总工会通过建立联动机制，有效推动了“两个普遍”。2011 年，新建建会单位 7 465 个，新发展会员 73 604 人，工资集体协商覆盖职工人数 49.67 万人，建立集体协商机制的企业 12 697 家，均超额完成了年度目标任务。

编者点评：

目前，各级工会都已经充分认识到通过建立多方共建机制推动工会各项工作的重要意义，但是在一些地方尽管有共建框架，但由于共建的办法和机制不健全不完善或者没有针对性，致使共建工作难以取得实效。浦东新区总工会探索联动共建机制的经验正好对以上问题作了一些回答。比如，要在责任分工上下功夫，只有通过制度的形式把责任首先明确下来，才能避免职责不清；比如，要在建立督查机制上下功夫，只有这样才能确保工作按时间节点有序推进；比如，还要在考核激励上下功夫，要对各方作用有科学评价和适当激励，才能调动好工作的积极性和主动性。

18. 普陀区总工会

与政府职能部门签订合作备忘录借力推组建

当前，普陀区正处在全面推进创新转型的关键时期，一方面随着产业结构的加速调整，非公企业大量涌现，据经济普查数据显示，全区有区属非公企业1.38万家，职工27万余人，工会组建、职工入会难度不断加大。另一方面，随着工会组织规模的不断扩大，从事工会工作的人员不足，制约了工会组织的进一步发展。针对这些问题，普陀区总工会与工商局、人社局、财政局等相关部门开展合作，以“合作备忘录”的形式建立了推进工会组建的新模式。

一是争取党委支持。根据“党群共建创先争优视频会议”精神，区总工会向区委专题汇报“两个普遍”工作，并提交了《关于贯彻中央“党群共建创先争优”会议精神，进一步强化区委对党工共建工作的领导的建议》，建议由区委组织部、区总工会以及区委区政府各相关职能部门联合联手，共同推进工会组建工作。区委明确要求区委、区政府相关部门大力支持、积极配合区总工会推进“两个普遍”工作。

二是签订合作备忘录。区总工会根据队伍、信息、阵地、平台、载体、抓手共享原则，拟定了党工共建工作机制中各单位的具体职责分工，并在人员支持、财力保障等方面形成共识。与区人社局等部门签订《工会组建工作合作备忘录》，由区工商局在企业登记注册的第一时间发放“工会组建告知书”宣传工会组建等；由街镇总工会与街镇劳动部门合作，聘请劳动保障协管员和就业援助员为“工会组建指导员”，借力推进工会组建。

三是合力推进保落实。组建任务主要靠街镇落实。各街镇总工会作为组建牵头单位，联合劳动保障协管队和就业援助部门在楼宇、小区划分组建责任区，加强排查摸底，列出组建难点，共同指导督促各类企业组建工会。区总工会强化对工会组建和职工入会工作的考核奖励，每两月对

普陀区总与区人保局等部门合作推进工会组建工作

工作进度通报，并每年划拨工作经费，确保完成工会组建任务。

自签订合作备忘录联合推进工作组建工作以来，普陀区总工会的工会组织覆盖面进一步扩大，全年净增工会组织 907 家，工会组织数达到 9 912家，建会率 72.3%，其中仅桃浦镇劳动保障协管员就完成了 371 家工会组织的组建指导工作，成效明显。

编者点评：

工会组建既是工会工作的重要内容，也是巩固党的执政基础、扩大党的群众基础的重要任务。2011 年，市委文件明确将工会组建、工资集体协商等情况纳入党政工作目标考核。开展工会组建工作，就需要站在党政工作大局的高度来谋划。在争取党委赋予资源手段上，就要从推动落实市委文件着手，努力把组建工作由工会"独唱"变成党委领导、政府支持、工会负责、各方协作的"合唱"，把文件的规定转化成可操作的长效工作机制，真正落实到基层。在整合组建工作力量方面，要善于借助对企业经营者联系多、情况清、有制约的劳动保障协管员等政府职能部门队伍的力量，合力推进工会组建。总之，普陀区总工会以签订合作备忘录形式推进工会组建，为工会组建提供了一个值得借鉴的工作思路。

19. 静安区总工会

探索楼宇党工共建一体化促进非公企业建会

静安的区域经济呈现明显的“楼宇经济”特征，静安区总工会在加强楼宇工会建设方面取得了一定的成绩。但是，如果缺少得力的干部队伍、有效的工作机制，就会增加工建进楼宇的难度，也会导致一些非公企业工会基层组织产生“空转、不转、缺乏活力”等现象。为此，区总工会先后对楼宇内从业人员的基本状况和党建工建情况等组织了多次调研，提出了“党建带动工建，工建服务党建，党工共建促和谐”的楼宇党工共建工作思路，推进楼宇党群工作的深入开展。

一是加强专职党群工作者队伍建设。为有效解决楼宇工建工作人手不足的问题，区总工会与区委组织部合作在楼宇建立专职党群工作者队伍，并建立起党群工作者招录、使用、管理、培养和考评制度，做到“五个共同”，即共同组织招聘信息的发布，共同参与党群工作者工作职责的制定，共同组织对党群工作者的培训，共同实施对党群工作者的管理考核，共同指导党群工作者的具体工作。目前，队伍人数发展到120余人，成为静安推进党建、工建工作不可或缺的重要力量。

二是建立健全工作机制。首先建立健全资源共享机制，区总工会和区委组织部实现在工作信息、工作载体、工作场地上资源共享，做到楼宇党组织和工会组织联手开展工作，并让楼宇和楼宇内“两新”组织的党员工会主席进入同级党组织班子。其次，建立健全工作同步机制。将楼宇工会组建工作纳入党建考核之中，实现同步布置任务、同步组织实施、同步管理和培训干部、同步检查考评。第三，建立健全联席协商机制。建立区、街道和企业三级联席会议制度。在区级层面，建立起以区委组织部、区总工会为主体的区社会工作党委和区综合经济工会工作委员会。在街

800 秀创意园联合工会成立仪式

道层面，建立起街道工会与街道内各行政职能部门的联席会议制度。在企业层面建立了企业党、工组织联席会议制度。

三是不断创新工作载体。首先，创建组织建设类载体。结合楼宇实际情况，建立了楼宇“党员服务点”、“工会联合会”等组织形式，并以企业党组织和工会为单元，建立起“横向到边、纵向到底”的楼宇党建、工建组织网络。第二，创建管理服务类载体。通过“双达标”工作、“合格职工之家”创建工作，不断提升党建、工建工作质量。第三，创建基层民主类载体，搭建了党务公开、楼宇职代会、民主生活会、民主测评党员干部等民主管理平台。

静安区深入推进党工共建一体化，引导企业业主和职工增强党的意识、会员意识，既进一步推动了基层党建，也健全完善了以职代会和平等协商、集体合同为主要内容的制度机制，受到广大职工好评。据调查显示，楼宇内 40.6%的职工表示出“想加入中国共产党”愿望，75.6%以上的职工对工会组织作用的发挥表示了认可。

编者点评：

坚持党建带动工建、工建服务党建，有利于加强基层党组织特别是“两新”党组织的建设，也有利于推进工会建设。在具体工作中，迫切需要总结推广一些基层党工共建的好经验好做法，以推动这项工作的常态化、长效化。静安区总工会在区委领导下，以楼宇为单元，大力推进楼宇内非公企业党工共建一体化，并取得积极成效，就是一个很好的党工共建典型事例。一方面，静安将工会组织建设纳入到党建工作规划和考核体系，真正体现“党建带动工建”的作用；另一方面，工会组织充分发挥了覆盖面广、联系职工群众紧密、善做群众工作的优势，使工会工作载体成为党建工作的有力抓手，真正体现了“工建服务党建”的作用。

20. 青浦区总工会

“柔性建会法”破解非公企业建会难题

受国际金融危机的后续影响，少数企业对建立工会疑虑重重，一些外资企业和有一定规模的私营企业，对建会“怕麻烦”、“怕生事”，以种种理由和方式久拖不建，成了建会“老大难”企业。青浦区总工会感到，继续沿用原来通过执法检查等“刚性方式”难以推进面上的组建工作，必须有针对性地采取让企业更能接受的方式，使企业真正认识了解工会的各项职能，从而加快组建工会步伐。由此，“柔性服务，推进建会”的方法应运而生。

一是“三情四联”工作方法破难题。在依法建会过程中，区总工会以“跑得勤一点，盯得紧一点，讲得实一点，做得细一点”的精神状态，加大走访力度，实地了解企业困难和需求，帮助解决问题，宣传有关政策，消除建会顾虑。采用“三情四联”工作方法，缩短了与企业主、经营者之间的距离，许多企业相关人员对工会工作逐步从陌生排斥转为了解支持。

二是全过程业务指导促建会。在与企业建立感情的基础上，区总工会进行全过程的分类指导。通过积极选树企业工会典型，用典型事迹来推动，用典型经验来引领；通过提供菜单式服务，从筹建方案、组建程序、选举工作等环节，全方位、全过程地加强指导服务；通过坚持“三同步机制”，推动在建立工会的同时，同步建立女工委、经审委和工会账务。

三是经常联系机制激活力。工会组建后，要求各级工会干部深入建会企业，建立了工会建会指导员队伍及区总工会干部联系企业制度。在联系工作中，积极帮助企业选好工会干部，建立工作规范以及平等协商集体合同、民主管理等制度，努力使工会组织“建起来、转起来、活起来”。

“柔性建会法”推出以来，建会工作开展比以前有了较大进展，许多

青浦区总走访企业了解需求和困难

"老大难"企业纷纷建立工会，比如，练塘镇总工会推动一家 6 年久拖不建会企业建会，香花桥街道总工会建立了辖区工业园区集团公司、张江科技园和出口加工区三方联席会议制度，使多家久不建会的外资企业建会。截至 2011 年底，全区工会组织数 2 596 家；建会单位数 32 569 家，工会会员数 466 105 人。

编者点评：

推进企业建会的过程是一个赢得企业经营者支持和调动职工群众入会积极性的过程，这既需要坚持促进企业发展、维护职工权益的原则，又需要讲究一定的方式方法。比如在赢得企业特别是外资企业经营者支持上，更要做足思想工作，找准突破口，通过送政策规章、法律法规以及送服务等方式，力所能及地帮助解决生产经营中的实际困难，把企业所需与工会所能有机结合起来，让企业充分认识到中国工会与西方工会的本质区别，努力把建会过程变成一个强化经营者工会意识、增强职工会员意识的过程，这样组建起来的工会才能充分发挥其作用，才能为工会履职创造良好的环境和条件。青浦区总工会提出的“柔性建会法”，强调服务职工、服务企业，工作的针对性强，特色也鲜明，是一种可供借鉴操作的建会思路。

21. 金山区总工会

引入听证制度深化行业集体协商

纺织服装是金山区主要工业之一，目前区域内共有大小纺织服装企业近千家，农民工人数达4万之多。长期以来，纺织服装企业普遍存在着劳动定额过高、农民工工资较低等现象，造成职工无序流动多、劳资双方纠纷多、企业之间矛盾多等各种问题。针对这种情况，金山区总工会建立服装行业联合工会，积极探索通过开展行业性工资协商、签订集体合同等方式。但在推进集体协商制度的过程中，区总工会发现，劳资双方往往由于想法不一致、信息不对称等原因，导致工资协商难以深入，协商质量不高，协商工作的影响力不大；一些职工对协商工作不理解，认为是走过场；一些企业经营者则认为协商工作是负担，表示不支持。在这种情况下，区总工会决定在金山卫镇纺织服装行业探索在进行正式的工资集体协商前引入“听证会制度”。

一是选好代表，规范运作。在听证会举行之前，由纺织服装行业职代会的全体职工代表推选出5名参与听证会的职工代表，同时，也要求纺织服装企业业主联合会推出5名正式代表。为了确保听证会能真正代表职工的声音，明确职工代表中一线职工须超过一半。听证会还设立了45个旁听席，使所有职工代表都有机会参与听证。

二是深入调研，充分讨论。为保证听证会质量，职工代表经过调查比较，掌握了镇服装行业职工的工资平均比周边区域低10%的情况；镇劳动保障事务所作为政府方代表，对该行业职工收入状况也进行了问卷调查。在听证过程中，职工代表和企业业主代表分别提出工资增长方案，双方都根据自己掌握的情况，充分阐述各自的依据和理由，进行讨论。政府方也发表意见，加以引导。

职工方代表在听证会上陈述自己观点

三是开展协商，签订协议。在听证会之后，双方代表正式进行协商。由于劳资双方在听证过程中已经充分了解到对方的要求，工资协商协议很快达成一致。随后，通过召开职代会，把协商的成果写入《工资增长专项集体合同》，明确金山卫镇纺织服装行业的最低工资标准在全市最低工资标准基础上提高6%，各企业本年度职工月平均工资增长水平不低于16%。

通过先听证后协商，一是搭建了劳资双方有效沟通的平台，双方少了“对抗”，多了“理解”，为下一步工资协商夯实了基础。二是扩大了协商工作的影响力，金山镇党政明确表示将全力支持工会开展工资集体协商工作。三是增强了职工的参与意识，一些职工代表在参加行业听证会后表示，听证会让他们知道了什么是工资协商，回单位后要好好宣传，让更多的职工关注工资协商，关心企业发展。

编者点评：

金山区总工会试点工资集体协商听证制度，既促进了企业与职工相互理解支持，又提高了协商的质量与效率，是行业集体协商制度的一种创新，可以给我们以下启示：一要进一步重视对职工代表的推选和培训，提高职工代表参与听证、协商、主张权益的谈判能力和综合素质，确保其能真正代表职工行使权利。二要进一步建立健全信息公开制度，特别要督促企业进一步推进厂务公开工作，建立健全职代会制度，让广大职工了解企业经营的实际状况；要对劳动定额、劳动条件、企业效益和人工成本、本地以及周边区域行业工资平均水平等情况做好充分调研，使相关关键信息向参与听证的代表公开，确保听证会的有序推进。三要进一步健全听证成果转化机制，充分发挥党委、政府以及工会对听证结果的引导、监督作用，确保把听证会各方意见作为协商依据写入工资协议，努力使听证制度向督促工资协议的签订和履行延伸，使听证制度真正落到实处。

22. 闵行区总工会

开展集中要约行动推进协商全覆盖

为确保完成“两个普遍”目标任务，推动工资集体协商工作有力、有序、有效开展，闵行区总工会将常态协商与集中要约相结合，先后两次推出工资集体协商“要约行动月”行动，向企业发出 4 300 份集体协商要约函。

一是明确任务，层层分解。首先，确定要约对象，第一次要约行动把百人以上、纳税大户、参加和谐企业创建、参加文明单位创建和劳动关系基础较差的企业列为重点要约对象，第二次要约行动以第一次要约后仍未签订集体合同的和需要通过区域性、行业性集体合同来覆盖的企业为对象。之后，积极争取各级党政支持，与相关部门召开专题会议，将任务层层分解，责任到人。

二是因企制宜，分类推进。对生产经营好、经济效益稳步增长的企业，以建立正常的工资增长机制、保障职工福利作为要约行动重点内容；对生产经营存在一定困难的企业，以签订劳动安全与卫生等专项集体合同为切入点，引导企业逐步建立集体协商机制。

三是配齐力量，加强培训。积极壮大集体协商人才队伍，切实加强基层协商代表的能力建设。先后举办“劳动关系协调员职业资格培训班”等各类专业培训，各街镇、村及各类企业等超过 1 460 名的工会、劳动人事干部参加集体协商、协调劳动关系等方面的培训，为推进集体协商工作提供了重要的人才支持。

四是“三位一体”，确保实效。以“要约行动月”为契机，发动工会干部深入走访，摸清底数，紧紧抓住工会组建、集体合同签订、劳动关系和谐企业创建三项重点，对有条件的企业在组建工会的同时一并开展集体协商、

要约行动中职工维权律师志愿团工作论坛

签订集体合同，同时将集体协商纳入劳动关系和谐企业创建标准，三项工作互推互促，努力使集体合同签订工作取得实效。

通过集中开展要约行动，取得积极成效。在发出的4 300份集体协商要约函中，有65％的企业签订集体合同，15.5％的企业承诺协商。目前，闵行区签订集体合同覆盖企业8 000多家，占具备协商条件企业数的85％以上。

编者点评：

全总提出到2013年要完成“两个普遍”的目标，对于各级工会来说，任务较重。闵行区总工会借鉴工会组建集中行动的方式，集中推进工资集体协商要约行动，在集中行动中又统筹考虑把工资集体协商与不同类型、不同效益企业实际结合，与工会组建、劳动关系和谐企业创建统抓结合，与加强指导服务和目标考核结合，进一步扩大了工资集体协商的覆盖面，是一种实用有效的工作方法。

23. 上海建工集团股份有限公司工会

拓展项目联合工会功能实现农民工有效覆盖

在上海建工集团股份有限公司，鉴于施工期间参建单位、人员的进出流动频繁，从工程开工到工程竣工期间，对这些流动职工的入会工作，一般由项目部就地建立项目联合工会牵头负责。但在实践中，建工工会发现，项目联合工会在大型、特大型项目上的作用不如在中小型项目上的作用明显，对参建各单位的组织协调能力相对较弱，对职工和农民工的凝聚力、号召力不够强，对工程建设的影响力和贡献也不够大。因而，建工工会提出要进一步创新项目联合工会组织体制，推动其切实发挥作用。

一是提升大型项目联合工会层级。原先，项目联合工会由项目部所在单位工会组织代管，中小工程项目因参建单位和参建人员不多，代管单位工会尚能胜任。但对于大型或特大型项目而言，因其项目部通常由集团总包，涉及的参建单位和参建人员众多，加之需要经常与项目周边社区、居民以及社会各界、新闻媒体联系、互动等，代管单位工会往往感到力不从心。为此，建工工会将大型、特大型项目联合工会由集团工会直属领导，不仅提升了大型项目联合工会的层级，还赋予了相应的人财物、责权利，联合工会的地位得到有效加强。

二是直接选派工会负责人。转变项目联合工会的负责人由项目部的工会负责人兼职的做法，采取向大型项目联合工会直接选派工会负责人的做法，把具有党务或工会工作经验的干部派到项目一线，切实加强集团工会对项目工会的领导。

三是多渠道提供活动经费。除了要求各参建单位工会足额提供原先的活动经费外，集团工会还把农民工队伍纳入工会经费的预算范围，通过工会经费向一线项目、一线职工倾斜以及评比奖励等形式为大型项目直属联

上海中心大厦建设立功竞赛受表彰单位代表合影

合工会提供补充活动经费，确保大型项目直属联合工会各项工作正常开展。

通过以上做法，各个项目直属联合工会发挥了重要作用。比如，上海中心大厦工程项目联合工会通过工会联席会议制度把来自不同省份和地区的千余名农民工组织起来，通过积极开展创建“工地之家”等活动，提升了工会组织在农民工中的影响力和号召力；建工工会还在集团多家企业集聚的京津地区，按照大型项目直属联合工会的经验成立了京津区域直属联合工会，切实维护了当地参建职工和农民工的合法权益。目前，已有8万余名农民工加入到项目联合工会。

编者点评：

建筑业是农民工较为集中的行业，如果不能通过工会组织把这个行业的职工进行有效覆盖，将会直接影响工会组织对农民工的凝聚力和号召力。但是由于建筑工程层层转包以及建筑工流动性较大的原因，总包单位往往只是采取简单的“来建走撤”形式来建会，工会活动较少，服务职工的举措也较少，导致农民工对工会组织缺乏认同。针对这一现状，建工工会采取建立大型项目直属联合工会，实行工会主席专职化并确保工作经费，推动项目工会发挥作用，使之成为建工集团“走出去”职工、属地化职工和农民工的“职工之家”,有效解决了农民工加入工会的积极性不足问题,是当前创新建筑行业工会组建方式的有益探索。

24. 中交上海航道局有限公司工会

实行会籍托管将劳务派遣工组织入会

上航局是中国交通建设股份有限公司的全资子公司，是国内综合实力最强的疏浚施工企业之一。近年来，为适应企业快速发展需求，上航局陆续从山东德州、河南新乡、湖北麻城等地引进劳务派遣工，目前企业在岗劳务派遣职工共1300余名，占全局在岗船员总数的一半以上，已成为职工队伍的一支重要组成力量。这部分人员在给企业发展带来动力的同时，由于其用工体制、劳动关系的特殊性，也给企业工会组织建设带来新的课题与挑战。面对现状，上航局工会从实际出发，针对劳务派遣职工的特点，在会籍管理体制上进行探索与实践，以求最大限度地把他们纳入到工会组织中来，更好地维护他们的合法权益。

一是从体制入手，创新管理模式。结合企业实际，将推进劳务派遣工入会工作的重点放在创新会籍管理模式上，在深入基层班组听取职工意见、借鉴兄弟单位有效做法的基础上，制订、印发了《上海航道局劳务工工会会籍管理的暂行办法》。根据《暂行办法》，上航局与相关劳务派遣公司签订劳务工工会会籍管理委托书，明确用工单位与劳务派遣公司的职、权关系及双方管理权限、职责，并由用工单位对劳务派遣工的会籍实行托管。在具体操作上，对劳务派遣工会籍采取统一登记造册的方式，按照代行职能的办法纳入用工单位工会进行混合型管理，即劳务派遣职工直接参加船舶班组工会（小组）活动，并且在局工会统一组织下，开展会籍台账资料管理，实现了派遣职工与普通职工工会会籍统一管理。

二是从细微处着手，实施主动维权。在实际运作中，上航局工会本着“管起来，就要转起来”的原则，从以下几方面开展权益维护工作。首先，主动加强劳务派遣职工的思想教育工作，探索开展劳务派遣工思想动态

航道局劳务工家属新春团拜会

预警机制，畅通劳务派遣工诉求表达渠道；其次，主动关心一线劳务派遣职工的切身利益问题，做好各项帮扶工作，明确劳务派遣职工与合同制职工同等享受体检、旅游、培训、高温补贴待遇；第三，完善定岗定薪制度，配合行政积极推进劳务派遣工同工同酬，同时积极探索同工同权工作，努力做到薪酬留人、福利留人、感情留人、发展留人、文化留人。

三是从搭建平台着眼，促进素质提升。进一步将劳务派遣工纳入工会职工素质工程体系之中，努力提升这一群体的总体素质。通过开设职工学校，委托职业学校对新进劳务派遣职工进行岗前培训，并根据培训情况积极从中挖掘优秀人才，作为技术骨干后备加以重点培训。每年开展劳务派遣职工(水手、加油、测工、车工)技术比武、岗位练兵活动。将劳务派遣工纳入公司储备干部培养范围，通过一岗多能培训、中高级工培训等工作，为劳务派遣工打通晋升通道。

上航局劳务派遣工会籍托管模式的实施，大大提升了企业中劳务派遣人员的企业归属感，促进了这一群体素质的整体提升。据统计，仅2011年一年中，劳务派遣工参与各项技术比武活动就达700余人次，参加各类培训的达800余人次，目前已有381名劳务派遣职工晋升为高级工，近百名劳务派遣船员担任三副、三管轮、机匠长等职务，劳务派遣工队伍在推动企业发展中的作用得到了更充分发挥。

编者点评：

最大限度地把包括劳务派遣工在内的广大职工组织到党领导下的工会中来，代表和维护好职工群众的各项合法权益，是工会履行自身职能，做好党的群众工作的重要职责所在。上航局工会从创新劳务派遣工会籍管理体制入手，积极探索，主动作为，切实把劳务派遣工纳入到工会开展的各项活动中，针对劳务派遣工特点做好各项团结凝聚、关爱帮扶工作，有效避免了用人单位与用工单位间可能存在的推诿情况，确保把劳务派遣工最广泛地吸纳到工会中来，既保障了劳务派遣工权益能得到有效维护，更为企业持续健康稳定发展奠定了坚实基础。

25. 宝山区顾村镇总工会

建立“来沪职工社区工会”加强服务管理

近年来，随着区域经济和城市化建设的快速发展，宝山区顾村镇来沪务工人员不断增多，外来人员已超过 13.5 万，远超过本地人口 7.6 万，个别村的外来人员与本地人口的比例甚至超过了 6∶1。由于来沪人员居住集中、生活习俗各异，特别是缺乏组织化的有效管理，给区域社会管理与稳定带来了前所未有的挑战。顾村镇总工会针对大量来源分散、流动性强且数量日益增加的来沪常住人员聚居在城乡结合部的现象，在镇党委、政府的大力支持下，探索以来沪人员居住的社区为载体建立工会组织，将游离于组织外的微小型企业职工、未入会的职工有效组织起来，并对已加入工会的职工进行“二次覆盖”，努力实现“哪里有职工、哪里就有工会组织服务”的工作目标，充分发挥基层工会组织在来沪人员服务管理中的积极作用，帮助他们更好地融入城市发展，推动区域和谐稳定。

一是确定试点单位，做好宣传走访。经过调查摸底，顾村镇总工会选择了外来人员居住比较集中的沈杨村作为试点区域，成立了筹备小组。该村临近工业园区，登记有近 4 000 名来沪人员，大部分混居在村民出租房中，本地人口与外来人口比例约为 1∶3。筹备小组与派出所民警、村外来人口办工作人员及村干部等一起，到每家每户进行宣传走访。共走访了 300 多户外来人口家庭，将《致租住顾村职工公开信》、工会会员连心卡、入会申请书等发放到每个租住家庭，宣传劳动法律法规，听取来沪职工的意见建议。

二是召开工会委员代表大会。在得到大多数来沪职工认可并自愿加入工会的基础上，以租住的生产队为选区推选 36 名会员代表。筹备小组重点走访了代表推选的工会委员会候选人，确定 9 名具有一定工作能力、在来沪人员中有群众基础、热衷为大家服务的工会骨干。在镇总工会的

来沪职工社区工会开展服务活动吸引众多职工参与

指导和精心筹备下，沈杨村来沪职工社区工会召开了第一次会员代表大会，经过民主选举产生了第一届工会委员会。

三是实行网格化管理。借鉴居委会管理方式，推选出 11 名工会小组长（相当于居民小区的楼组长）。由所在村提供每人每月 600—1 000 元的工作补贴，分别对应 11 个生产队，负责来沪务工人员服务工作。工会通过建立定期会议制度和信息反馈制度，重点听取来沪人员的需求信息，及时了解安全隐患，商讨改进服务管理的办法，掌握区域内租住人员的生活、生产、经营等情况，建立起租住人员与工会的信息沟通、反馈渠道。

四是做好来沪职工社区工会会员服务工作。新成立的来沪职工社区工会定期上门慰问有特殊困难的职工家庭，为他们提供就业信息、计划生育、食品安全等方面的培训服务，工会还开展了法律援助工作，为外来务工者送上劳动法律法规知识读本，并面对面进行宣传讲解。

顾村镇总工会探索建立“来沪职工社区工会”的做法，延伸了工会组织的触角，拓宽了来沪务工人员的诉求渠道。来沪职工社区工会实行的民主选举、上门帮困、培训服务等举措，让来沪务工人员充分感受到工会是维护他们自身权益的群众组织，有了找到“家”的感觉。同时，来沪职工社区工会建立也促进了所在区域的社会稳定。沈杨村来沪职工社区工会组建一年多来，村里的纠纷明显减少，出租房内违法食品加工、危险品使用等情况基本杜绝，来沪人员更加遵守法律法规以及村规民约，社会治安有了明显改善。目前，来沪职工社区工会正有序地在部分村、居民小区等来沪人员聚居的社区推广。

编者点评：

建立"来沪职工社区工会"这一模式是街镇一级工会组织在创新社会管理、促进社会和谐工作实践中作出的有益探索，对来沪人员聚居区域创新工会工作方法、延伸工会服务触角、扩大组织覆盖具有重要作用。同时，"来沪职工社区工会"在工作方式上注重采取柔性化服务手段，注重与来沪务工人员的沟通交流，注重加强对他们的关心服务和帮困救助，是新形势下街镇工会做好职工群众工作的有效尝试，充分发挥了工会贴近融入职工群众、引导服务职工群众的组织优势，在保障来沪务工人员合法权益、促进社会稳定等方面取得了积极效果。

26. 宝山区罗店镇总工会

实行“版块式覆盖、‘版主’责任制”加快工会组建步伐

近年来，宝山区罗店镇非公企业发展迅猛，原有的一大批村办、镇办集体企业相继转制，非公企业总数占全镇企业总数90%以上。这些非公企业大多规模小、经营状况不稳定、人员数量少、地域分布散。如何做到非公企业组建不遗漏？罗店镇总工会经深入调研发现，非公企业大多坐落在某个村或工业园区，与地方上最直接的联系为土地租赁关系，以划块的方式，对组建工作进行细分，可以做到组建不留空白点。因此，镇总工会推出了“版块式覆盖、‘版主’责任制”工作法，得到了镇党委的支持，形成了镇总工会——区域性工会联合会——企业单位独立工会的组织体系。

一是调查摸底、划分版块。按照“以企业经营地为主”的原则，全镇20个行政村、7个镇属公司以自己的行政管辖范围，分别列出企业名称、地址、经营范围、从业人数、法人代表、联系方式等基本情况，同时与镇工业普查信息相对照，摸清了区域内企业家底。之后，召开各村、公司工会主席会议，对工会主席对应行政管辖明确的区域，明确“版主”及其组建任务；对个别地域概念模糊的企业，由镇总工会直接指定相关村或公司工会负责组建。同时，镇总工会还明确，各村、公司工会根据所辖企业情况，工会组建可以采取区域工会联合会、联合工会或单独企业工会等多种组织形式。

二是加强考核，强化责任。为确保任务得到落实，在镇总工会争取下，镇党委、镇政府将工会组建纳入对基层党政一把手年度工作联责联酬考核范围，明确辖区内工会组织覆盖率不得低于80%。镇党委还专门召开基层党政干部会议，对组建工作进行具体部署，将组建责任落实到人。

罗店镇总工会研究组建工作

镇总工会也制订了相应的百分考核办法，并从会费中拨出资金，对工会组建中成绩突出的工会主席给予奖励。

三是分类指导，推动落实。为确保任务有效落实，镇总工会 4 名工作人员实行分大片联系，及时掌握各版块工会组建的面上情况，协调工作中的矛盾。镇总工会实施“每月通报”、“双月例会”等制度，各版块工会对工会组建、会员发展、集体协商进度每月最后一周报告一次，每两个月交流“两个普遍”推进的经验做法。同时，镇总工会还充分发挥镇劳动关系三方联席会议的平台作用，争取镇人大、镇商会等的支持，为加快工会组建起到了有力的推动作用。

推行此项工作法后，有效整合了工会组建力量，特别是消除了村或工业园区行政“过多干预企业事务会影响地方或部门利益”的想法，引起了他们对工会组建的重视和支持。同时，也推动了区域性工会建设，大量的非公小企业被有效覆盖，劳资纠纷、生产事故等也比往年明显减少。2011年，共有 443 个企业通过单独组建或区域性覆盖的办法建立工会组织，近5 200名职工加入工会组织。

编者点评：

在街镇区域，大多为非公小企业，规模小、分布散，职工流动性也较大，要加强工会组织对这些企业的有效覆盖，难度较大。因此，推进街镇特别是镇区域范围内的企业普遍建会，首先必须摸清企业底数。行政村或镇属公司与企业联系最紧密，对企业底数也最有发言权，可以作为开展工会工作的有效平台。罗店镇总工会根据镇内企业情况实际，坚持以块为主、以块定责的原则，实行“版块式覆盖、‘版主’责任制”的组建工作法，通过党委建立有效的制度机制，把行政村或镇属公司党政班子力量纳入到工会组建轨道，把他们的作用充分发挥出来，对镇一级工会推动企业普遍建会具有一定参考借鉴作用。

27. 杨浦区五角场地区总工会

属地化入会破解大中型商场租赁商铺职工入会难

五角场地区总工会作为杨浦区总工会推行“行业工会建在地区上”模式的首批试点单位，率先成立7个行业联合工会。其中，商业贸易行业工会联合会以万达商区中的规模企业为主体。商贸行业工会成立后，认真分析商区工会组建现状，发现虽然入驻万达广场的中大型商业企业都已建立工会，但这些商企中的租赁商户职工人数有3 000多人，其中70%左右的职工游离在工会组织之外。为将这支数量众多的队伍最大程度地组织到工会中来，五角场地区总工会经过深入调研和讨论，决心沉到底、深组建，在巴黎春天五角场店试点，探索中大型商场租赁商铺企业职工属地化加入行业工会的新模式。

一是沟通在先，宣传到位。对动员租户企业职工入会，企业存在顾虑，认为商企与租户之间只是经济上的租赁关系，不是上下级关系，组建有难度。针对这些情况，地区总工会多次与巴黎春天五角场店行政以及工会主席沟通，阐明组建的实际意义，逐步取得共识。之后，商贸行业工会向驻巴黎春天五角场店的各商铺企业负责人送达“关于工会组建函”，发放“致巴黎春天五角场店全体商铺企业组建工会的通知”和“工会法”等宣传资料，敦促入驻巴黎春天五角场店的商铺企业组织营销员加入到行业工会中来。

二是“四个明确”，抓好组建。明确组建原则，根据租户变化大、厂方营销员流动快的特点，按照“谁用工谁负责”和属地化组建的原则，实行“来建走撤”。明确入会对象，各租赁方职工无论是劳动合同工还是劳务派遣工、外来务工人员都作为发展入会对象，对已入会的职工实行“二次覆盖”。明确组建程序，每家租赁商铺企业推选一名联络员，组织职工填

五角场地区总工会在宣读组建材料

写会员登记表。明确组织形式，在每家商铺企业职工入会的基础上，每个楼面成立一个工会小组，组成巴黎春天租赁商铺企业联合工会，隶属地区商贸行业工会。

三是按时分批，有序组织。由于针对商场租赁商户多、职工人多分散的情况和特点，商贸行业工会分批发出办理入会手续的通知。在规定的时间段里，收取入会申请和会员登记表，发放五角场地区总工会同意组建工会的批复文件。

通过以上做法，工会组建工作取得明显成效。目前，通过行业工会覆盖 218 家租赁商铺企业，其中 904 名职工全部入会，占入驻租户 86%左右，做到工会组织基本覆盖。租赁商铺企业职工入会后，地区行业工会通过商场各楼面工会小组的信息员，及时了解掌握租赁商铺劳资矛盾引发的纠纷以及会员需求，为女职工免费体检，为职工提供技能培训，为外来务工人员调解劳资矛盾等，维护了职工的权益，保持了职工队伍的和谐稳定，许多租赁商铺的会员表示“入了会，我们有了娘家”。

编者点评：

大型商场中租赁商铺的职工被外派到各大商场做营销员，除了技能培训，较少得到所属企业的关心和参加企业的活动。组织他们参加属地行业工会，使这部分职工可以直接感受工会组织的服务、帮助和温暖，产生归属感，是工会组建的一项创新举措，将对落实“两个普遍”目标、不断扩大基层工会组织覆盖和工作覆盖起到积极作用。

28. 静安区石门二路街道总工会

建设“新上海人之家”吸引农民工入会

静安区石门二路街道地处静安区东北隅，是全区旧式居民住宅比较集中的地区，居住着大量外来农民工。据第六次人口普查数据，石门二路街道有外来常住人口近万人，占常住人口比重为27.9%，为全区最高。外来常住人口中81.8%的人是务工经商人员，其中大部分是商业和服务行业的基层服务人员，从事餐饮服务、快递、理发、保安等服务工作。石门二路街道各小区工会联合会在日常工作中注意到，外来务工人员与企业经营者、居民以及其他外来务工人员之间经常发生矛盾纠纷。怎样把辖区里的农民工组织起来，减少这类纠纷，融入上海、融入社区，成为社区管理的重要问题。为帮助解决这一难题，石门二路街道总工会在各小区建立“新上海人之家”服务点，并以此为载体，从政治、工作、生活上关心农民工，增强他们的归属感、认同感，帮助他们更好地融入上海。

一是调研分析区域内农民工需求与动态。为了最大限度地把农民工吸纳到工会组织中来，不让一个农民工兄弟游离于工会组织之外，石门二路街道总工会组织工会干部深入社区，及时掌握农民工所思、所想、所急、所需。通过走访调研、召开座谈会、开展问卷调查等方式了解到，目前农民工的需求主要集中在就业环境难以适应、合法权益易受侵害、生活条件简陋不便、精神文化生活枯燥等方面，为进一步做好农民工工作打下扎实基础。

二是健全完善相关体制机制。在街道层面，建立了“新上海人之家”管理委员会；在小区层面，在全街道的12个小区和兴泰农贸市场都设立了“新上海人之家”管理服务点。在此基础上，完善规章制度，形成有效运行机制，制定了办公会议、调研巡视、接待沟通等制度，每季度召开一次“新上海人之家”管委会办公会议，每年开展1至2次调研巡视，设立了“代表双月接待

农民工在“新上海人之家”服务点阅览期刊

日”，做到内容丰富不撞车，形式多样不单调，活动常办常新。

三是不断丰富服务内容。“新上海人之家”服务点设在各小区活动室，凡是在该街道工作的农民工，都可以享受到各种服务。在充分调研的基础上，“新上海人之家”管委会协调并指导各服务点设置了丰富的服务项目。政治上送关心：组织农民工参观红色圣地，邀请全国劳模举行报告会，形成“红五月全国劳模事迹系列报告会”特色活动。就业上送援助：成立“石门二路街道职工就业援助站”，定期举办就业指导咨询会、招聘会。生活上送帮助：在有条件的服务点开设淋浴房、洗衣房；为农民工解决子女入托、入学等问题；为部分新上海人女同志提供免费妇科检查等。权益上送保护：创建了职工维权的“331 工程”，有效保障农民工合法权益。文化上送关怀：开放社区文化活动中心，开展传统节日、重大纪念日文体活动等，充实农民工的精神文化生活。

“新上海人之家”让石门二路街道外来务工人员找到了“家”的感觉。外来务工者因为有了正常表达诉求的渠道，劳资矛盾发生率大幅下降；外来人员与邻里纠纷的发生率也呈下降趋势。据统计，到目前为止，街道内90%以上的农民工已加入工会组织。而融入上海的外来务工人员也以热心服务奉献小区、反哺社会,他们的好人好事也不断涌现。

编者点评:

农民工工作是一项重要的社会工作,事关社会和谐。农民工作为工人阶级的重要组成部分,应该得到社会各界尤其是工会组织的关心、重视和帮助。创建“新上海人之家”是石门二路街道总工会的实事项目和特色工作,不仅将区域内的农民工有效组织起来,还根据农民工的实际需求,充分发挥了工会组织业务技能培训、开展文化娱乐的功能、关心职工生活的职能,对我们做好来沪务工人员服务管理工作,引导他们融入上海,具有一定的借鉴和启示作用。

29. 普陀区新曹杨工业园区工会

源头跟进、分类推进实现组建全覆盖

新曹杨工业园区位处普陀区，目前有295家各类企业入驻。2011年前，园区内未组建工会达到170家，其中具有一定规模的企业占5%，新进驻企业为60%，另外园区周边的“夫妻店”、“姐妹铺”占35%。随着园区经济快速发展，园区工会意识到，如果不加快工会组建步伐，园区内未建会企业会越积越多，必须采取有效的工作方式，实现区域内企业工会组建全覆盖。因此，园区工会提出了“源头跟进、分类推进”的工作思路。

一是争取党委支持。专门成立了由党委书记任组长，园区招商办、物业办、工会、商会负责人为成员的“工会组建领导小组”，并建立了党委班子成员联系和推进基层单位工会组建的“分片包干”工作制度。

二是实现源头跟进。以园区修改租赁合同为契机，将工会组建纳入到合同中。在租赁合同中明确，对刚引进暂时不具备建会条件的企业，如目前正在装潢、企业还未进驻、企业经营还未正常开展等，进行登记造册，由专人跟踪服务，掌握企业动态，一旦企业正常经营，就马上上门指导组建。

三是突出重点推进。对一些建会难点，由园区工会联合招商、物业等部门共同上门做工作，仍难以突破的再由党政领导带领工作人员上门沟通协调，促进建会。对个别社会责任度不高、不符合园区产业结构调整要求的企业，园区工会建议园区以“腾笼换鸟”为契机将其淘汰。

在采取以上方法后，工会组建工作取得实质性进展，比如，推动红星世贸大厦第一批25户入驻企业100%建立工会组织，淘汰了2家始终不肯建会的企业。目前，基本实现了园区内企业工会全覆盖。

新曹杨园区工会召开组建工作现场会

编者点评：

新曹杨工业园区工会针对园区非公中小企业多、工会组建率低的情况，迎难而上，积极争取园区党政及相关部门的支持，方方面面力量共同加入，并通过将组建纳入租赁合同、专人跟踪、上门沟通等有效举措，全力推动工会组建工作取得实质性进展。这充分说明，工会组建既难也不难，只要我们下决心，出实招，齐努力，建会工作一定会取得新的突破。

30. 静安区江宁路街道总工会

“五看五谈”推进工资集体协商规范化

静安区江宁路街道地处繁华的静安商贸中心南京西路的北延。街道内餐饮经营户80余家，全部为非公所有制企业；从业人员近800人，且85%以上为外来从业人员。街道所辖餐饮企业具有经营分散、用工面广、小型规模企业多、工资待遇差距大等特点。为切实维护餐饮行业职工权益，街道总工会对餐饮行业职工进行调查摸底后，决定率先在餐饮行业开展工资集体协商，积极倡导“五看五谈”工作法，努力规范餐饮行业主要工种职工工资收入标准，切实维护职工权益。

一是健全组织，夯实基础。首先，组建社区餐饮行业联合工会，把10人以下的小型餐饮企业发展到联合工会中来；之后，组建街道餐饮行业工会联合会，将街道内20人以上的独立企业工会和社区餐饮行业工会联合组织起来。通过强化建会，既保证了协商主体资格到位，也增加了入会单位。

二是重点推进，以点带面。首先，以党群基础较好又有一定规模的企业为重点，率先开展协商，为推动餐饮行业工资协商发挥示范作用。之后，以调整劳动报酬为重点，围绕餐饮行业最低工资标准指导线、行业定额标准指导线和行业工资增长指导线，确定了本地区行业的工时工价标准。

三是规范运作，确保实效。在协商过程中，坚持“原则不让、抓大放小、留有余地、进退有序”的协商要求，做到“五看五谈”：一看利润增长谈工资同步增长，二看工资总额增加谈工资平均增长，三看CPI（消费价格指数）变化谈实际工资水平，四看工资指导线谈增长幅度，五看行业工资标准谈工资底线。最后，在广泛征求意见基础上，由行业工会和企业主双

餐饮行业联合工会与企业签订工资集体合同

方签订餐饮行业工资集体合同。

通过在餐饮行业倡导"五看五谈"工作法，促进了行业劳动关系双方的合作共赢。一是增强了协商意识，企业和职工都表示以后首先要通过协商协调的方式来解决劳动争议；二是提高了职工工资水平，行业内职工工资收入均比上年有所提高，且节假日加班工资补偿得到保证；三是促进了餐饮行业的和谐，由于签订集体合同兼顾企业与职工的双方利益，赢得了企业经营者的支持，也赢得了职工的满意。

编者点评：

江宁路街道总工会针对辖区餐饮企业的特点，通过建立健全行业组织，抓住协商重点以及规范操作等方式，有效推进了非公中小企业的集体协商工作，保障了职工权益，促进了劳动关系和谐，赢得了劳资双方的一致认可，这对充分发挥区域性行业工会作用，推进工作集体协商工作有着积极的借鉴意义。

31．普陀区纺织行业工会联合会

实施“劳动定额一品一测一协商”发挥协商实效

普陀区现有纺织企业86家，从业人员7 200余人，其中近80%为农民工。自2005年成立以来，普陀区纺织行业工会联合会为推进行业企业建立规范有序、公正合理的工资分配制度，通过行业协商，相继确定了行业内主要工时劳动定额标准和工价标准、岗位工资标准。但在实际操作中，由于不能涵盖区内所有纺织企业的生产加工品种，使用年限较短，部分非公企业仍有通过劳动定额进行隐性侵权的现象发生。针对这一维权过程中出现的新问题，普陀区纺织工会探索创新了“劳动定额一品一测一协商”工资集体协商制度，即企业每生产一个纺织品种，区纺织工会进行一次现场测试，同时开展一次工资集体协商，以此来确定该企业生产加工品种的劳动定额和工时工价标准。

一是坚持“四个依靠”。依靠党政建立起行业性工资集体协商督导员队伍，聘请劳动、工商、商务委等相关部门领导为纺织行业工资集体协商督导员，全程参与协商。依靠专家支持建立行业性劳动用工标准研究制定专门委员会，具备了有力的专业支持和信息保障。依靠企业理解建立行业工会与企业工作恳谈会制度，帮助企业经营者了解这项工作的基本程序。依靠职工参与健全行业性工资集体协商培训工作制度，组织大中型纺织企业的工会干部、协商代表进行专题培训，为职工代表有效参与提供能力保证。

二是把握“三个关键”。一是科学测定。积极发挥网络优势，第一时间掌握和分析企业劳动定额标准，制定协商预案。组织行业劳动用工标准研究制定专委会成员和行业工资集体协商指导员到企业测定劳动定额，对协商预案进行修改。二是充分协商。在现场测试和掌握第一手数据资料的基础上，工资集体协商指导员组织职工代表与企业经营者围绕

专家现场测定劳动定额标准

工时工价劳动定额标准进行工资集体协商。督导员则对协商争议进行调停，确保公正公平。三是确保实效。要求企业工会及时向全体职工发放实施告知书，并及时递交执行反馈书，通报执行情况。如发现企业落实不到位，区纺织工会则会同有关职能部门开展联合执法检查，发出整改通知书，要求限期整改。

三是明确“两个重点”。一是围绕工时工价标准协商，保障职工多劳多得。针对纺织行业内普遍存在企业经营者通过加大工时定额、压低计件单价的现象，把制定工时工价劳动定额标准作为协商重点，有效降低劳动定额。二是围绕加班工资标准协商，消除职工工资“虚高”。针对纺织行业职工工资表面上高，但其中加班工资多的工资“虚高”现象，把加班时间、加班工资计算基数等作为协商重点，切实降低加班工资在工资总收入中的比例。

“劳动定额一品一测一协商”制度推行后，全区纺织行业建立了相对统一的行业工时工价标准，有近千名职工因此降低了劳动定额，职工在完成定额任务时也更加心服口服，劳资关系进一步和谐，职工队伍稳定性得以大幅度提高；企业也发现在定额管理方面的不足和差距，转而通过加快改进生产工艺来提高劳动生产率,实现了良性发展。

编者点评:

随着市场需求的变化,企业会不断推出新产品。对于新产品,由于行业内原先的主要工时劳动定额标准和工价标准、岗位工资标准没有涵盖,如果不及时进行科学的行业测定,不对该项产品的劳动定额及时协商,就有可能使职工的合法权益得不到有效保护。普陀区纺织行业推行“劳动定额一品一测一协商”的做法,紧跟企业生产品种的变化,采取每生产一个品种、进行一次现场测试、开展一次协商,为进一步增强行业工资集体协商的针对性和实效性提供了有益经验。

“5家巴斯夫”集中签订首份工资协议

作为中国化工领域最大的外国投资企业之一，巴斯夫在上海地区拥有巴斯夫(中国)有限公司、巴斯夫应用化工有限公司、巴斯夫聚氨酯特种产品(中国)公司等5家企业，分布在金山、浦东等地。2009年起，巴斯夫上海企业工会联合会成立。工会成立后，各企业相继建立起职代会制度，并组织开展职工运动会、亲子活动、白领联谊等活动，与公司行政建立良好合作关系。在国际金融危机期间，尽管巴斯夫效益受到影响，但公司坚持不裁员、不减薪，还为职工增加工资，工会也团结动员广大职工与企业共渡难关，克服了国际金融危机给企业带来的不利影响。在这种同舟共济良好合作关系的基础上，在浦东新区总工会的推动下，巴斯夫工会向行政方提出了工资集体协商，成功推动巴斯夫首次在大中华区开展工资集体协商，覆盖到巴斯夫在上海的5家企业，惠及职工3 500余人。

一是主动学习，寻求指导。由于巴斯夫工会之前从未接触过工资协商，在启动工资集体协商前，工会联合会多次向新区工会求教，新区工会积极加强服务指导。之后，工会联合会再将工资集体协商相关内容传达给各企业工会主席，在5个企业工会内部首先达成共识。

二是起草协议，公示修改。在新区总工会指导下，工会首先起草了工资集体协议初稿，并将协议在各公司进行公示，征求广大职工的意见建议。一些职工主动反映了关于“工资增长幅度、工资和奖金的比例”等方面的建议，还有一些职工指出工资协议中个别不规范的提法，工会联合会将这些合理的建议吸纳到工资集体协议中，包括“企业经营效益不好工资可适当降低”等条款在职工一致要求下被删除。

三是发出要约，反复协商。工会方向行政方发出希望工资集体协商的要约，行政方派出代表，经过双方3个月左右的反复协商，工资集体协议先后修改九稿，最终在职代会上审议表决全票通过。协议包含基本工资调整、工资支付、加班工资支付及保险福利等内容。

巴斯夫上海企业《工资集体协议》签字仪式

这次协商是世界500强巴斯夫首次在大中华区开展工资集体协商，改变了职工工资仅由董事会说了算的单方行为，具有重要意义。同时，通过协商，工会工作也得到公司行政的大力支持，该公司总裁表示，中国工会是协调企业与职工共同发展的桥梁，在关爱职工、建设企业文化等方面发挥了重要作用。当出现劳资问题时，我们首先想到的是听取工会的意见。

编者点评：

巴斯夫工会开展工资集体协商的经验，一是工会主动作为，以自身的作用提高了在职工中的影响力，有效加深了行政方对工会的理解，为工会工作提供了更好的发展环境。二是坚持依法合规，确保每项工作都有理有据，按照规范程序运作，与世界500强企业讲求规范的企业文化协调；三是坚持发挥职工的主体作用，广大职工协商中全程参与，既让工资协议具有了广泛的群众基础，也为工资集体协商长效运转奠定了坚实基础。

33. 上海联家超市有限公司工会

把握契机推动企业建立集体协商机制

上海联家超市有限公司(以下简称家乐福)由法国家乐福集团与上海百联集团下属的联华超市股份有限公司于1995年共同投资设立,目前公司职工6 474人,其中外地来沪人员2 217人。长期以来,公司70%职工的收入徘徊在上海市最低工资线上,不少老职工的收入没有得到有效增长。2011年1月,《劳动报》对家乐福作了"工资12年'原地踏步',六千职工无奈心伤"的专题报道,引起各方对家乐福职工收入的高度关注,家乐福工资集体协商工作正式提上议事日程。

一是把握契机,向企业经营者发出要约。家乐福工会一方面加强法规解释和政策引导,让企业和职工认识到集体协商在加强企业科学管理、有效化解劳资纠纷、稳定劳动关系等方面的积极作用;另一方面,由市总工会联合百联集团工会共同约见家乐福总经理,在良好沟通的基础上提出开展集体协商的要约。

二是坚持不懈,持续推进工资谈判。围绕提高职工最低工资标准和增加社平工资以下的职工收入等,工会方克服协商资料缺乏、信息不对称等种种困难,历时近2个月与家乐福公司进行了10轮集体协商谈判,使家乐福方面对集体协商的态度由最初的不熟悉、不理解、不支持,逐渐转变为理解、支持甚至主动提高标准。经过漫长艰苦的拉锯协商,在召开职代会的前一天,工会与行政最终达成8%的平均增长率,企业行政也同意了工会采取无记名投票而非举手表决方式进行职代会审议的要求。

三是一鼓作气,推动企业建立职代会制度。以《上海市职工代表大会条例》的出台为契机,家乐福召开了一届一次职工代表大会,按照集体协商的程序性要求,以无记名投票方式审议通过了集体合同

联家工会主席与外方老板在集体合同上签字

草案，这标志家乐福正式建立起职代会制度和集体协商机制。集体合同明确了家乐福全日制职工工资较2010年平均增长8%，其中公司最低月工资标准为上海市政府规定的最低月工资标准的105%，为工作满12个月的职工发放第13个月工资，以及改善职工年休假、体检和生活设施等福利待遇等。这些条款使家乐福约70%的职工受益，月工资增加224元。

编者点评：

从家乐福建立集体协商机制的经验看，我们可以得到这样的启示：一是必须通过有效整合社会各方的协调联动力量，形成合力推动集体协商的良好氛围，特别是世界500强企业对企业的社会形象高度重视，要充分发挥媒体舆论的影响，推动企业承担起开展工资集体协商的社会责任。二是必须注重协商的策略，既要坚持不懈，据理力争，又要做到有进有退、有理有节，还要在看懂企业财务、合理设定协商标准等工作上多下功夫，这样才能切实提高协商的专业化水平，才能赢得协商对象的充分重视与尊重，才能确保协商工作形成机制长效运作。

第三部分

维护职工权益

34. 涂汇区总工会

建立“和谐企业沙龙”构建和谐劳动关系

根据社会管理创新的相关要求，徐汇区总工会开始思考，如何通过构建和谐劳动关系充分发挥工会在加强和创新社会管理中的作用。经过认真分析，徐汇区总发现，在近年来推进和谐劳动关系创建工作中，徐汇涌现出一大批和谐企业典型，而且这些企业不少为世界500强企业。能否把这些和谐企业先进典型有效组织起来，充分发挥他们的示范引领作用，带动其他各类企业积极构建和谐劳动关系，成为徐汇区总工会研究的问题。最终，区总主席室决定，联合相关社会组织，建立徐汇“和谐企业沙龙”。

一是调查摸底，争取支持。在建立沙龙前，徐汇区总工会多次与漕河泾新兴技术开发区合作综合协调办公室、徐汇区劳动协会、漕河泾新兴技术开发区企业协会等单位磋商讨论，赢得上述单位的大力支持。同时，区总工会向部分企业发放意见征询单，得到了他们的广泛支持。

二是精心组织，广泛动员。将本区范围内世界500强等规模以上外资、非公企业作为发展的重点对象，通过漕开发企业协会、区劳动协会和虹梅、徐家汇等社区总工会进行广泛动员。经过努力，共有42家企业主动报名参加“和谐企业沙龙”，其中世界500强企业达到36家。

三是建章立制，规范管理。区总工会征求区政府等相关单位的意见，共同确定了沙龙的组织形式、活动方式，并明确沙龙以加强和创新社会管理为目标，以创建和谐企业为载体，以平等互信、和谐共赢为原则，针对企业与工会的愿望诉求，开展政策咨询、论坛研讨等活动。沙龙每季度举办一次，活动主题根据成员共同关注的话题确定，活动形式有讲座、咨询会、茶话会、考察交流等。

沙龙组建以来，已针对企业关注的热点问题开展了多次活动，比如沙

徐汇和谐企业沙龙成立

龙第一次活动举办的外商投资企业专场政策法规咨询会就受到了广泛欢迎和好评，一名世界500强企业总经理就指出，这样的活动对于企业劳资双方合作、劳动关系和谐具有极大的促进作用。

编者点评：

徐汇区总工会通过建立“和谐企业沙龙”，将辖区内40多家有影响的劳动关系和谐企业组织在一起，既引导他们积极创建和谐劳动关系，又充分发挥这些企业对其他非公企业的示范与引领作用，这是工会推动和谐劳动关系创建的新举措，也是工会参与社会管理的新平台。这个案例至少给我们以下思考。一方面，要创新工作思路，特别是在加强和创新社会管理的新形势下，需要进一步凸显工会作为枢纽型社会组织的功能，不断增强工会在社会管理大局中的作用。另一方面，要创新工会工作方式，坚持职工为本、服务为先，充分发挥善做群众工作、善于协调劳动关系等特长优势，通过搭建平台、创设载体等方式，切实为党政中心工作服务，为企业和职工服务，不断促进劳资关系和谐，扩大企业、职工对社会管理的有效参与。

35. 嘉定区总工会

融入“大调解”工作格局促进劳动关系和谐

随着经济结构调整和转型升级步伐的加快，嘉定区企业裁员、破产倒闭现象有所增多，职工与企业之间的劳资纠纷日渐突出，加上职工利益诉求日益多样化多元化，劳动关系领域的新情况、新问题不断涌现。传统的以企业工会组织为主的纠纷调解工作模式，由于基层工会干部的身份、地位的制约，其调解作用难以有效发挥。同时，随着法律法规的逐步完善和职工法制意识的不断增强，劳动争议仲裁案件和法院诉讼案件大幅增加，仲裁和法院人员和资源难堪重负。为切实履行服务经济社会发展、保障职工合法权益的重要职责，嘉定区总工会主动融入“大调解”工作格局，先后与区法院和仲裁院建立劳动争议案件委托调解机制，实行调解与诉讼、仲裁的有效衔接，努力把工会劳动争议调解工作建设成为服务企业和职工的平台、落实工会维权工作的平台、畅通社情民意的平台，不断提升工会工作水平。

一是打造平台，建立机制。嘉定区总工会与区司法局合作，成立了嘉定区总工会人民调解委员会（以下简称“工调委”），为开展劳动争议案件委托调解提供了组织保障。在此基础上，区总工会同法院、仲裁院达成共识，进行工作衔接和联动，将进入司法程序的劳动争议案件进行筛选，选择事实较清楚、争议标的不大或者适用法律法规明确的案件委托工调委先行调解。工调委依法受理委托案件后先立案登记，再向双方当事人发送调解通知书。在调解过程中，工调委以“双维双稳”为指导，加强政策法规的宣传教育，引导职工和企业树立正确的维权观，促使双方当事人达成协议签订调解书。再由法院、仲裁院对调解协议书依法审查确认，形成调解协议书的法律效力。

二是完善制度，加强联动。区总工会将人民调解工作纳入工会工作

嘉定工会人民调解员正在进行调解活动

管理目标考核，以区职工法律援助服务中心为依托，加强工调委规范化建设，建立了立案登记、调解通知、联调制度、调解文书、档案管理等一系列工作规章制度，确保人民调解工作的稳步发展。针对劳动争议案件日趋增多的情况，在区总工会工调委人民调解室工作的基础上，另派专人驻区仲裁院直接参与仲裁案件的委托调解工作，在区仲裁院开辟了“第二调解工作室”，进一步发挥了工会组织在人民调解中的独特优势。同时，加强与区联调委和承办法官的联系，积极争取支持，自觉接受指导，保证劳动争议案件委托调解各个环节的工作及时、便捷、规范、高效。

三是扩大队伍，提升能力。区总工会先后聘请了4位专职从事工会、人事工作的企业人民调解员和2位对处理劳动争议案件拥有丰富经验的律师参与案件的调解工作，完善了奖励制度和补贴机制，确保人民调解工作能够正常有序地开展。同时，为提高调解员业务素质和技能，工调委定期组织调解员参加劳动争议案件的法律法规培训，组织调解员实地旁听劳动争议案件的庭审，切实提高其业务素质和工作能力，保证了人民调解的工作效率。

目前，工调委已受理法院、仲裁院委托调解劳动争议案件1 830件，调解成功率为59.2%，直接追回经济利益1 071.5万元，有效发挥了工会组织的独特作用。

编者点评：

在当前劳动争议案件呈现利益诉求多元化、新型劳动争议内容复杂化的新形势下，嘉定区总工会建立健全劳动争议案件委托调解机制的做法，促进了各职能部门调解资源的充分整合，拓展了劳动争议多元化解决渠道，创新了工会劳动争议调解工作模式，为形成预警、预防、调解一体化的工作格局进行了积极的探索和有益的实践。大量的劳动争议通过人民调解程序得以柔性化解，达到案结事了、定纷止争，有效维护了职工的合法权益，对维护社会稳定起到了积极作用。工会组织也在这一过程中，加强了对劳资纠纷和劳动关系现状的掌握，为更好地履行职责、维护职工合法权益奠定了更加坚实的基础。

36. 宝钢集团有限公司工会

开展“宝钢管理者问卷”调查推动职工权益落实

宝钢、上钢、梅钢联合重组以来，宝钢集团生产规模不断扩大，国内布局不断延伸，综合实力不断增强，自2004年首批成为中国竞争性行业和制造业中跻身世界500强的企业起，已连续8年跻身世界500强。企业的快速发展带来一系列的管理变革，同时也给新形势下的工会工作带来新的挑战。基于此，在集团党委的领导和行政的支持下，宝钢集团工会以探索进一步畅通职工民主利益诉求渠道为突破口，组织开展面向全体职工的“宝钢管理者问卷”抽样调查，以更好地落实职工“三最”利益诉求。

一是实行科学调查。“宝钢管理者问卷”调查工作以工会为主，集团公司人力资源部、纪委监察部、规划发展部、运营改善部、企业文化部、团委等部门共同参与。在样本的选取上，分二个部分进行，一是一线职工，按照职工总数的5%选取，根据工号随机确定；二是宝钢D层级以上管理人员，全部参与调查，并通过宝钢协同办公平台进行实施。在问卷统计分析上，职工问卷的调查数据由第三方录入处理，管理人员的调查数据则直接通过宝钢协同办公平台数据库导出，并依据关注度、首选比重等排序确定年度重点分析问题，按管理、技术、操作、党员四个维度对数据进行剖析，形成数据分析报告；之后，再对职工和管理人员提出的意见建议进行分类汇总，形成意见建议报告。

二是突出成果应用。“宝钢管理者问卷”调查以数据调查为基础，更注重调查后相关问题的落实。每年，在综合数据报告和意见建议报告的基础上，向集团党委汇报，提出集团公司层面年内需予以关注的职工“三最”问题。经集团党委讨论修订后，列入集团公司重点项目库进行管理，由集团公司总经理任责任领导，工会主席任总执行人，并通过“三最”4D项目平台(讨

宝钢工会调研职工"三最"问题

论 Discussion、审议 Deliberation、决策 Decision、执行 Doing)予以推进。

三是加强监督执行。数据分析报告按单位分解下发后,要求集团各子公司根据各自情况梳理出本单位年内要解决的"三最"问题,并报集团公司工会备案。同时明确,相关落实情况要提交本单位年度职代会报告审议;宝钢集团工会将集团层面和基层的"三最"问题完成情况汇总后,一并在集团公司年度职代会上进行报告,进一步接受广大职工代表的评议监督。

"宝钢管理者问卷"调查的实施,有效激发了宝钢职工参与企业管理的主动性、积极性,有力地促进企业和谐劳动关系的构建。据统计,在"宝钢管理者问卷"调查的推动下,2011 年全年,宝钢各子公司共制定"三最"项目 128 项,推进完成包括《关于建立宝钢青年过渡惠租房的可行性报告》、《建立沪外"小企业"增强凝聚力和归属感的人文关怀标准化项目》、《建立职工互助互济制度》在内的实事项目共 123 项,为改善企业生产经营、优化企业文化环境、促进职工队伍建设,发挥了积极作用。

编者点评：

宝钢集团工会建立的“宝钢管理者问卷”调查制度，遵循“从职工中来，到职工中去”的原则，以制度做保障，以项目抓推动，整合资源，寻求合力，将维权工作融入到企业的相关管理运行体系之中，既畅通了职工的利益诉求表达渠道，又为企业提高决策质量提供了有力依据，得到了广大职工的认同和企业管理者的认可，更为工会维权工作的主动、深入、持续开展奠定了坚实的基础，是探索创新职工利益诉求、权益保障等机制的有效尝试和成功案例。

37．上海市电力公司工会

制定诉求表达机制具体办法畅通职工诉求渠道

近年来，随着国家电网"主辅分开"改革的推进，一批辅业单位（如修造、环保、设计等）与主业逐步剥离、脱钩。体制机制的变革带来了生产流程的重组和部分职工岗位的调整变化，这些变化和调整涉及到职工的切身利益，必然会产生大量的诉求。为此，上海市电力公司工会以促进企业和职工共同发展、切实维护职工群众合法权益为出发点，会同党政部门共同制订《职工诉求表达机制实施办法》，建立健全职工诉求表达机制，及时收集、反映和解决职工最关心、最直接、最现实的"三最"问题，努力为企业改革发展护航助力。

一是建立职工诉求表达分级管理制度。建立由党委领导、各职能部门组成的"职工诉求表达管理领导小组"，实行分级负责、基层为主的管理原则，工作机构设在工会。明确各基层单位工会为相应的职工诉求表达管理机构，指定专人负责受理职工诉求表达的具体工作；各相关职能部门结合部门分管职责，及时收集相关职工诉求，并定期形成专题报告。

二是多形式畅通职工诉求表达渠道。一方面，切实推进职工代表提案征集、巡视检查及职代会质量评估工作，努力提高集体协商的质量和成效，以推进职代会、厂务公开集体协商等职工诉求表达主渠道的畅通有效。另一方面，完善职工（代表）座谈会、恳谈会等职工诉求表达互动机制，建立健全领导接待日制度、总经理联络员制度、与职工定期联系制度、"诉求双月报表"制度等职工诉求表达的快速通道，不断拓展创新职工诉求表达的有效渠道。

三是搭建职工诉求有效收集平台。公司工会会同相关职能部门，定期开展职工诉求问卷调查，并委托第三方专业人员进行数据录入和汇总，从总体上客观、准确掌握职工思想动态。对职工在问卷中反映的涉及面广、政策性强或带有一定普遍性的问题，提交责任部门开展相关调研，提出解决对策。

员工以联欢会的方式表达诉求

随着职工诉求表达机制的建立完善，职工合法权益的表达与维护有了制度的保障，广大职工的积极性与创造力得到有效激发，职工群众的满意度与协同力有了明显提升，上海市电力公司工会也荣获“国家电网公司工会工作先进单位”称号。

编者点评：

畅通职工利益诉求表达渠道，是工会源头参与维护职工权益的重要途径。在一定程度上，职工利益诉求机制是否健全完善，决定着劳动关系和谐程度。当前不少工会在畅通职代会、平等协商集体合同两大职工利益诉求主渠道的基础上，结合各自实际，不断拓宽职工利益诉求渠道，探索形成了一些新型的利益诉求表达制度。上海电力公司工会健全职工诉求表达机制的探索实践，较好地做到了以促进企业发展为原则、以实现工会维权职能为目标、以满足职工需求为导向，是一个较成功的案例。

38. 中国石化上海石油化工股份有限公司工会

闭环管理方式确保职代会提案落实

中国石化上海石油化工股份有限公司(以下简称上海石化)以职代会制度建设为主线,在总结和提炼以往经验成果的基础上,结合企业民主管理实际进行了深入调研,在原有《提案工作管理办法》基础上,创造性推出了提案工作闭环管理模式,编制了提案工作流程和巡视评估记录表,对提案的征集、预审、落实、评估和反馈等环节作出明确的时间和操作规定,促进了各项提案的及时、有效落实。

一是加强提案征集的培训指导。在职代会召开前一个月,上海石化就把征集职代会提案的通知及提案单下发到各代表团组,提出本次职代会对提案工作的要求,并向各团组通报上海市、中石化和上海石化的重要政策措施、重要工作进展情况,然后由各团组召开职工座谈会,并对相关议题进行专题调研,提高职工代表的知情面,让职工代表更全面、更准确了解情况,有效促进提案质量的提高。

二是加强提案预审的分类论证。根据提案内容的重要性、针对性和可操作性等情况,通过二级单位初审、条线部门专题论证、专门委员会审理等步骤,将提案确定为"立案"、"建议"、"不予受理"三类,并在提案征集截止日 30 天内,将审理意见反馈至职工代表。

三是加强提案落实的评估反馈。工会专门编制了提案工作流程,拟定了提案落实对口表和巡视评估表,由巡视评估员每人对口 1—2 个提案,全年负责提案落实的跟踪督办,与落实部门责任人进行沟通,了解并记录提案进展情况,并及时反馈给职工代表。对于立案以及落实情况不太满意的提案,在年中牵头召开"提案集体答复会",组织职工代表、巡视评估员与承办部门进行面对面沟通,详细了解提案办理情况,对存在的问

上海石化职工代表工作现场巡视提案落实情况

题当面交换意见，以取得相对一致的认识和解决方案。年底，提案审理专门委员会组织巡视评估员和提案人对提案落实部门进行满意度测评，同时提出“最佳提案”和“提案落实工作先进部门”建议名单，形成书面材料反馈至上海石化工会，于下次职代会召开期间向全体职工代表报告。

通过实行职代会提案闭环管理模式，职工代表的提案质量得到不断提高，提案内容从关心职业卫生、劳防用品、完善生活设施等方面向企业的安全和降本增效方面延伸，许多提案还被作为年度实事项目进行公布，并由相关职能部门分门别类认领并提出整改措施，增强了提案落实效果。

编者点评：

上海石化工会引入管理专家提出的闭环管理模式来加强职代会提案管理，从职工代表培训、专门委员会论证、承办部门落实入手，强化程序管理，确保职代会提案过程中的每一个环节都得到严格的质量控制，并形成长效机制，确保了提案得到有效落实，是值得借鉴推广的一种管理方式。

39. 中国邮电工会上海市邮政委员会

以解决重大信访问题为切入口实现劳动关系和谐

上海邮政体制改革的不断推进，带来了业务结构调整及用工制度、绩效考核、薪酬分配制度改革等诸多变化，出现了一些职工利益关系的调整，加之企业原本积累的问题，新旧矛盾交织，给协调劳动关系带来不少压力。产生的一个直接影响是，职工通过工会信访渠道反映问题、表达诉求的总量上升较为明显，有些职工在信访中情绪过激，给企业稳定造成不小的负面影响。针对这些新情况、新问题，上海邮政工会从健全完善信访工作机制建设入手，探索建立"工会限期处理、解决重大信访问题承诺制"，通过实行层层负责，把信访事项的解决落实到具体责任层面和具体责任人，实行一级一抓、一级对一级负责，以求提升重大疑难信访问题的处理化解率。

一是签订信访工作承诺书，明确责任。依照"工会限期处理、解决重大信访问题承诺制"，邮政工会每年与下属 40 个基层工会签订承诺书。该承诺书将工会信访制度建设、网络建设、信访事项处理、畅通信访信息渠道和化解矛盾等进行量化约定，按照程序处理化解各类矛盾和职工合理诉求，力争把苗头性问题解决在基层、解决在第一时间。

二是履行承诺目标，力求实效。"承诺书"要求各基层工会建立健全信访工作责任制、工作制度和工作网络，配齐信访干部，并认真履行职责，严格按照《信访条例》要求，执行登记、告知、受理和答复等程序；加大重大疑难信访事项的预警控制和化解力度，明确基层工会主席是信访工作的第一责任人，工会主席参加协调重大疑难信访事项的化解率要达到 90%。

三是突出重点，对重大信访问题实施限期处理。对涉及职工队伍稳定和紧急事项等重大信访，一方面加强排摸预警，采用不定期排查方式，每月要求基层工会上报"职工信访信息动态反馈表"，随时预测发现问题，

基层工会负责人签订信访承诺书

随时排查处理；另一方面，根据重大信访问题的具体情况，落实每个重大信访件的处理时限。

上海邮政"工会限期处理、解决重大信访问题承诺制"的推行，取得了积极的效果。通过签订承诺书，落实责任制，进一步健全了工会信访工作制度，同时，以往积累的一批重大疑难信访问题也得到了有效的处理与化解，不少职工的合理诉求得到了及时解决和落实，近期职工信访的数量有了明显的减少。

编者点评：

在社会转型期，特别是在事业单位、国有企业改革改制中，工会协调劳动关系的任务更为艰巨。工会信访工作是工会维权工作的前哨，是工会服务职工群众的窗口，是工会促进劳动关系和谐的重要抓手。上海邮政"工会限期处理、解决重大信访问题承诺制"的探索实践，从强化信访工作责任、规范信访接访程序入手，引导树立了"早发现、早预报、早控制、早化解"的工会信访理念，推动了工会信访工作的关口前移，实现了对不稳定因素排摸预警和协调解决的有效衔接，为推进工会信访工作的规范化、制度化、科学化提供了有益的尝试，也为解决事业单位、国有企业改革改制中的劳动关系矛盾问题拓宽了思路。

40．文汇新民联合报业集团工会

“职工代表通气会”深化企业民主管理

作为一个以新闻单位为主体的报业集团，文汇新民联合报业集团一向重视职工民主管理工作，以职工代表大会制度为核心，基本形成一套符合新闻单位特点的“职工民主管理、社务公开”的模式，包括重大事项公示制、重大措施通报制、重大改革预报制、重大职工福利方案表决制，等等。而如何更好地发挥职工代表在职代会闭会期间的民主管理作用，实现集团的大事要事在第一时间里让职工代表“知、审、议”，是集团工会一直在思索的一个课题。《上海市职工代表大会条例》的颁布实施，从法律层面上给健全完善职代会机制提出了新的更高要求，以此为契机，文汇新民集团工会坚持创新实践，探索实施以“季度职工代表通气会”为平台的职工民主管理、社务公开新途径，以进一步推进职工民主管理、民主监督、民主参与的工作规范与工作实效。

一是创建季度通气会议制度。具体做法为：职代会闭会期间，邀请部分职工代表，每季度召开一次职工代表通气会，作为职工代表大会的重要补充制度，由集团领导向职工代表通报集团的大事要事及职工关心的实用资讯，回答代表提出的相关问题。并以相关制度，对季度通气会的主要内容、各方职责、代表产生办法和议事办法予以规定。

二是明确通报基本宗旨与主要内容。季度通气会充分体现职工需求与领导要求兼容、服务职工与依靠职工兼容、知情权与审议权兼容的宗旨，围绕事业发展、围绕改革转型、围绕稳定大局、围绕惠民实事等，主要通报以下四类情况：集团每季度的经营情况、经营目标完成情况、各项划块经费的使用情况、下季度经营思路、经营重点等情况通报；集团重大事项、规章制度的制定及执行情况、新闻版面改革、新闻宣传发展思路及新闻宣传重大任务

文新报业集团向部分职工代表通报相关工作

等情况通报；职工关心热点问题及涉及职工利益的事项、新出台的职工福利项目及职工福利政策的调整、职代会提案落实等情况通报；集团领导班子民主生活会的情况及党风廉政建设、干部考核聘任等方面的情况通报。

三是搭建领导职工互动平台。出席通气会的集团领导除进行情况通报工作外，还要与被邀请的职工代表就互相关心的问题进行互动交流。在交流中，领导与职工代表面对集团的改革、发展、稳定、转型、惠民等职工关注的问题，坦诚相对、畅所欲言。职工代表对集团工作提出的建议和意见，集团领导一一答复；许多没有现成答案的问题与思考，领导和职工代表共同探讨，体现了直面问题的坦诚态度，同时也减少信息不对称的现象，方便了代表履职。

文汇新民集团“季度职工代表通气会制度”的建立实施，充分地调动职工参与改革、推进改革的积极性，较好地推动了职工知情权、参与权、表达权、监督权、决策权的落实。季度通气会制度实施以来，职工的民主参与意识明显提升。据统计，2011 年，共计有 200 多名职工代表针对集团改革发展、职工权益发展等提交了近 300 多份提案，提案办结率达 100%，实现了预期的效应，季度通气会成为了提升集团综合竞争力、实现集团和职工共建共享共赢的有力抓手。

编者点评：

进一步推进《上海市职工代表大会条例》的贯彻实施，需要各级工会结合各自实际，不断完善职代会的相关建设与配套制度。文汇新民集团工会根据新闻单位民主管理工作的特点，探索建立"季度职工代表季度通气会"，这对解决职代会闭会期间职工代表充分履职问题，是一个有益的尝试，既创新了落实职工民主管理的载体与平台，又拓展了厂务公开的途径与渠道，是推动职工民主管理向纵深发展的一个成功案例。

41. 中国电信工会上海市委员会

搭建“五个平台”畅通企业与职工对话交流渠道

上海电信公司一直致力于企业文化的塑造工程，相继推出了企业精神、企业核心价值观等。为了优化沟通机制，不断提升职工对企业文化的认同度，促进企业与职工共同发展，上海电信工会搭建起公司领导层与广大职工之间面对面对话、心与心交流的“五个平台”。

一是健全完善审议决策平台。上海电信工会相继制定实施了《职代会实施细则》、《深化厂务公开民主管理工作的实施意见》、《加强基层班组厂务公开民主管理工作的指导意见》，落实了从公司到基层、从部门到班组的多级审议决策模式，明确重大事项必须经职代会、厂务公开民主审议决策，形成和谐多赢的局面。

二是建立职工代表旁听职代会平台。由职工网上报名旁听制与工会组织推荐旁听制两部分组成，旁听席占职工代表总数的15－20％，同时还特别设立了业务外包单位从业人员列席职代会制度，使公司的沟通渠道延伸到外包人员群体之中。

三是设立职工代表列席公司总经理办公会和司务会平台。将此作为对话制度向上拓展的创新举措，每次安排两名职工代表列席公司总经理办公会和司务会，明确职工代表有权就会议讨论的内容提出意见、看法和建议。

四是创建公司信息立体沟通平台。这一立体沟通平台包括：内部网络、企业报刊、广播台，以维护职工知情权；总经理信箱、法律与心理咨询热线、帮困救助热线，以畅通职工诉求渠道；双月沟通会，实现公司领导层和职工面对面共商企业与职工共同发展大计。

五是用心构建工会与行政共商平台。明确在每次起草集体合同文本前，工会与行政应事先就集体协商内容进行共商。同时，建立健全集体合

公司领导与员工进行网上沟通

同履行情况巡视制、行政向职代会报告制和职工代表满意度测评制，为集体合同的有效履行提供制度保障。

上海电信工会以畅通民主管理渠道为出发点，建立企业与职工对话交流“五个平台”，从关注职工薪酬福利到为每位职工订一份报、一瓶奶、一桶水等，广大职工对企业发展、工会工作的认同度不断增强，对自身权益实现与发展的满意度不断提升。上海电信工会对职工开展的一项网络调查显示，职工对企业的“满意度”的平均得分超过 85 分。

编者点评：

职工作为企业的主人，依法参与企业决策与管理，是职工行使民主权利的主要内容，是实现自身合法权益源头维护的重要保障。要落实职工对企业决策与管理的有效参与，首先需要相关沟通机制的建立健全。上海电信搭建企业与职工对话交流“五个平台”的探索实践，从保障职代会、集体协商等制度落实着眼，创新做法，拓展平台，完善机制，为职工合法权益的维护发展提供了制度保障，在畅通企业与职工沟通渠道上提供了值得借鉴的经验和启示。

42. 上海申通地铁集团有限公司工会

完善管理激励机制维护劳务派遣工权益

伴随着城市人口的迅速增长，地铁在城市公共交通体系的作用也越发显得重要。为维持城市轨交正常运行，地铁职工达到 25 000 多名，其中有不少劳务派遣工，他们主要集中在运营、维修岗位。如何维护、发展好这部分职工的合法权益，为上海地铁建设与运营的健康发展提供良好的人力资源保障，是工会必须面对的课题。基于此，上海申通地铁工会以劳务派遣工管理激励机制为突破口，尝试从观念、制度、文化多层面探索创新。

一是创新会籍管理，力促维权无缝对接。在要求劳务派遣单位做好派遣职工入会工作的同时，申通集团工会积极创新劳务派遣工会员的会籍管理模式，经集团工会、集团下属用工单位、劳务派遣单位三方专题会议协商一致：用工单位在与劳务派遣单位签署劳务派遣协议的同时，签订工会会员委托管理协议，明确双方在会员会籍管理、组织活动、权益维护方面承担的责任和义务，并对工会经费的划拨、使用作了详尽的说明。

二是建立激励体系，畅通用工转换渠道。建立了职工“星级评定”激励体系：制订“星级评定”办法，从职工中评选出优秀人员，按服务水准分为一星、二星、三星三个等级，同时明确，被评为二星级以上（含二星级）的站务员，或连续二次被评为一星级站务员，达到相应技能等级，并符合用工单位招聘录用条件的派遣工，可转为合同制。此外，对工作期间获得国家级、部级、上海市级个人荣誉称号，或者获得集团级优秀职工、服务明星、服务品牌、行业标兵等个人荣誉称号，以及获得申通地铁集团技术比武个人项目前三名，且平时工作表现优秀的派遣工，符合用工单位招聘录用条件的，也可转为合同制职工。

优秀劳务工热心服务乘客

三是注重人文关怀，搭建情感交流纽带。申通地铁工会积极发挥组织优势，以职业生涯规划及培育快乐工作理念为核心，强化对劳务派遣工的人文关怀。一方面，围绕上海轨道交通"十二五"发展规划，加强对派遣工个人发展的指导与规划；另一方面，积极建设职工之家，举办艺术节、运动会等文体活动，营造快乐工作的和谐氛围。

这一系列措施的施行，取得了良好的效果，确保了派遣工权益落实，派遣工在用工单位中同等享有教育培训、先进参评、带薪休假、健康检查、劳动保护等权利；派遣工可自主选择参加申通地铁集团职工大病医疗互助项目；一定比例的派遣工还成为了用工单位职代会的列席代表。同时，随着"星级评定"激励制度的出台和推行，已先后有 2 000 多名派遣工转为合同制职工，为职工拓展出一片宽阔的发展空间。

编者点评：

劳务派遣用工作为一种补充用工形式，有其存在意义，但目前也暴露出不少现实问题。上海申通地铁工会从会籍管理和激励机制等方面着手，创新举措，落实措施，从观念上逐步淡化派遣工的思想隔阂，从制度上逐步打破派遣工与合同工的身份界限，从文化上逐步促进派遣工的心理融合，是一个很好的探索与实践，其成功经验值得总结推广。

43. 静安区曹家渡街道总工会

建立完善楼宇职代会提案制度保障职工权益

近年来，静安区曹家渡街道总工会探索建立楼宇职代会民主管理模式，通过“集体合同1+3模式”等一系列新举措，提高了楼宇工会工作实效。目前，该街道区域的10余幢商务楼宇已基本建立职代会制度。三和大厦是该街道范围内一幢商务楼宇，入驻企业规模差别较大，既有职工超过百人的规模企业，也有初入商海的创业公司；楼宇内职工既有饭店服务员，也有外企高级白领，他们的需求内容和服务方式差异性较大，统一的职代会运作模式显得难以适应。为切实增强楼宇工会对职工的吸引力和凝聚力，街道总工会在三和大厦尝试建立楼宇职代会提案制度，把楼宇职工关心的问题作为工会的重点工作来抓，将大楼工作职工所关心的桩桩实事，从空调开放时间、到适婚青年的婚恋问题，事无巨细，都列入楼宇职代会提案，受到楼宇广大职工的欢迎。

一是建立职代会提案工作制度。三和大厦工会在一届三次职代会上，表决通过了《三和大厦职代会提案工作制度》，对提案的内容、提案的征集、提案的处理和提案落实情况的检查等作了明确的规定。

二是广泛征集职工意见。在2011年大厦举行二届一次职代会前，筹备小组成员先后走访了70多家企业，共发出200多份书面征集表，分单位、分楼层、分职工召开6次座谈会。近200名职工人参与提案，内容涉及消防逃生、物业管理、岗位培训、白领交友等多方面。

三是强化提案工作落实。针对职工代表提出的“加强楼宇安全隐患排查，提升楼宇消防安全等级”意见，街道平安工作部对三和大厦开展了实地勘察和调研，制作完成《三和大厦消防逃生专项演练方案》，开展了逃生演练。针对职工提出的“大楼空调关闭时间太早”的意见，经工会与物业公司协商，每天空调的关闭时间延长 30 分钟。针对白领青年提出的组织交友活动、帮助解决青年婚姻问题的意见，街道总工会整合全街道内 12 幢写字楼的青年资源，组织开展了多种交友活动。

职代会筹备小组成员走访企业了解职工需求

提案制度让楼宇职代会焕发活力，为和谐楼宇创建奠定了扎实的基础。目前，三和大厦企业劳动合同签约率、社会保险费缴纳率均已超过 90%，按国家规定发放加班费的企业超过 80%。该楼近期开展的一项调查显示，现有的 76 家企业中，职工对本企业的信心指数高达 95.7%。

编者点评：

曹家渡街道总工会楼宇职代会提案制的建立，使职工代表可以对自己所熟悉的领域谈具体的意见和建议，对涉及切身利益的事项既表达诉求又能够提出具有可行性的建议，在很大程度上保障了职工的参与权不是“空谈”，有利于保障职代会职权的落实。同时，楼宇工会以竭诚服务职工和企业为目标，在征集提案及落实过程中，具体表达和维护不同类型职工的利益诉求，得到越来越多的认可，工会各项工作随之渗透到楼宇企业之中，进一步夯实了工会工作基础，促进了劳动关系和谐。

44. 杨浦区控江地区总工会

建立巡视机制完善区域性行业性职代会制度

杨浦区控江地区总工会共有 4 个行业工会。地区制造加工行业率先在杨浦区开展了行业性《集体合同》、《女职工特殊权益保护专项合同》、《工资集体协商协议书》的协商、签订。为切实把协商内容落实到位，该行业工会制定了《职工代表巡视制度》，并在行业性、区域性职代会上表决通过。巡视组由行业工会、企业工会、人事、劳资、安全、生产等部门和生产一线的代表组成，其中工人代表占巡视组成员的 50%。通过组织认真仔细的巡视工作，进一步建立健全了监督机制，有效摸索了区域性行业工会运作、保障职工民主权利的新经验。

一是建立健全工作制度。巡视工作由行业工会牵头，每半年至少开展一次巡视活动。巡视采取"听、看、议"方式，认真听取企业经营者的想法，仔细查看各企业工会的相关台帐并做好巡视记录，与职工交流讨论，了解他们的所思、所想、所感。巡视组成员可不定期到一线对巡视内容进行调查研究，对所查问题和提出的整改意见及时反馈到相关企业领导。巡视组在下一次行业职代会召开前，对职工代表巡视检查情况写出书面报告，提交行业职工代表大会，向行业职工代表报告。

二是丰富巡视内容。对工资协商后公示情况，工资协商履行情况予以监督。在巡视基础上，通过职代会又赋予《巡视制度》新内涵：即巡视组肩负集体协商巡视员、安全生产督查员、劳动争议调解员、劳动关系观察员、学习型企业创建员、民主管理、民主监督宣传员、职工所求所盼疏导员、素质工程辅导员。凡是与职工权益有关的，都是巡视组关心、重视的地方。

三是推进巡视工作常态化。推进巡视工作常态化，形成了一年四季巡视法。一季度巡视企业用工情况及农民工返工情况；二季度巡视工资集体协商公示、履行情况；三季度巡视高温安全生产、食品安全、高温费发放执行情况以及送清凉活动开展情况；四季度通过巡视动态了解基层困难职工的家庭状况和金秋助学、帮困等活动开展情况。

巡视组成员在巡视安全生产状况

建立巡视制度后，地区总工会已组织巡视近 10 次，巡视企业 123 家，取得良好效果，以集体协商为例，通过巡视，行业一线职工工资增长率 10%得到有效落实。同时，通过巡视，地区总工会了解到部分服务行业存在"用工荒"状况，积极指导餐饮企业在劳动合同签订中添加年休假、职工探亲来回车费报销等条款，大大提高农民工返工率。在安全生产巡视中，地区总工会查出违章操作 74 例，对存在的安全问题，逐一提出了整改意见，要求企业反馈整改结果，维护了职工生命安全。

编者点评：

杨浦区控江制造加工行业工会积极适应区域性行业工会这一工会工作新载体的现实需求，以落实职代会巡视制度为抓手，对发挥地区行业工会作用，行使工会组织应有的权利，切实保障职工的权益，具有较好的借鉴和启示作用。鉴于行业工会人手少、事务多，该行业工会通过建立职工代表巡视制度，既发挥了工会组织的监督作用，也使行业工会工作“转起来”、“活起来”。同时，巡视制度延伸了职代会的职权，通过职工代表巡视，及时了解行业性、区域性职代会后集体合同履行、职工提案的落实、安全生产等情况，起到了很好的监督和落实作用，切实维护了职工的合法权益。

45. 静安区静安寺街道总工会

"双重覆盖"维护劳务派遣工权益

静安区静安寺街道是上海知名的商务服务区，目前辖区内33幢商务楼中有2 100多家企业入驻。街道总工会调查发现，辖区内高楼林立的楼宇商务区中，职工多以青年白领为主，但从企业用工情况分析，同样存在部分劳务派遣职工，这批职工大多集中在保安、保洁等物业岗位，另外还有一些外企管理、技术人员为来自中智、外服等人才派遣公司的派遣制职工。楼宇中的企业多为非公商务企业，企业中劳务派遣工与合同制职工"同工不同酬"的现象并不突出，但由于派遣人员入会后会籍关系归属于派遣公司工会管理，难以享受用工单位会员权利、无法参与用工单位工会活动等现象比较普遍。不少派遣职工反映自身游离于工会工作之外，遇到工作生活上的问题不知找什么组织表达自己的诉求，非常渴望街道一级的工会组织能给予他们关心与帮扶。为此，静安寺街道总工会决定在社区商务楼宇中推行《劳务派遣工劳动保护协议》，特别针对派遣职工的劳动经济、教育发展、会员权利等多方面作出规定，从源头上维护劳务派遣职工的合法权益、关爱派遣职工的健康发展，让派遣职工同样感受到用人单位的属地化关怀。

一是以《劳务派遣工劳动保护协议》落实"双重覆盖"。为维护好劳务派遣人员的合法权益，更好地让他们感受到工会的温暖，静安寺街道总工会在充分走访并听取企业意见的基础上，在辖区内各商务楼宇中探索推行《劳务派遣工劳动保护协议》，明确提出：被派遣劳动者享有与用工单位的劳动者同工同酬的权利；企业应提供与工作岗位相关的福利待遇，并对在岗被派遣劳动者进行工作岗位所必需的培训。同时特别提出，"被派遣劳动者在用工单位依法享有加入工会组织的权利，维护自身的合法权益"，强调以工会"双重覆盖"、"双重管理"的模式为劳务派遣工实现会员

企业方与职工方签订劳动保护协议

权益提供制度保障。

二是提交楼宇职代会审议落实。为切实使《劳务派遣工劳动保护协议》发挥应有效用，静安寺街道总工会的党群工作者陆续走进辖区内30多幢楼宇，听取汇总一家家企业的意见，在基本与各企业达成初步共识的基础上，将《劳务派遣工劳动保护协议》提交各楼宇职代会审议，以制度推动协议的真正落实。2011年8月，在有英国胜蓝律师事务所、永恒印记钻石公司、卫材（中国）药业公司上海分公司等20多家著名外资企业代表参加的越洋广场一届二次楼宇职代会上，首份《劳务派遣工劳动保护协议》获得一致通过。

三是多举措做好对派遣职工的关爱工作。静安寺街道总工会和楼宇工会联合会积极宣传、加强沟通，鼓励各企业行政和工会在福利待遇、文体活动等方面对派遣职工一视同仁，在关心职工的同时，及时关心派遣职工。街道总工会在街道党、工、团组织的高温慰问、运动会、歌唱大赛等各项活动中，也重点关心派遣工。

目前，《劳务派遣工劳动保护协议》在静安寺街道辖区内的商务楼宇基本实现了全覆盖，许多劳务派遣工表示，街道工会的这一举措既让他们体会到了工会和社区“大家庭”的温暖，更对自己未来的发展增添了信心。

编者点评：

工会如何针对劳务派遣工的劳动用工特点，做好他们的权益维护工作，更好地履行工会“组织起来，切实维权”的职责，是新形势下各级工会必须着力思考与解决的课题。静安寺街道总工会围绕推进落实《劳务派遣工劳动保护协议》，以努力实现劳务派遣工经济权益、会员权利平等为重点，以探索对劳务派遣工会籍进行“双重覆盖”、“双重管理”为核心，运用楼宇职代会这一平台，通过平等协商集体合同的法律形式对劳务派遣工的合法权益从制度上进行规范，将对更好地维护劳务派遣人员权益、维护企业劳动关系和谐稳定发挥积极、有效的作用，这一经验值得借鉴推广。

《职工劳动保护专项协议》保障职工生命安全

静安区南京西路街道辖区内恒隆广场、中信泰富广场等50余幢商务楼汇聚了众多知名企业，有各式风格的历史保护建筑28处，还有众多宾馆饭店。在城市公共安全尤其是安全防火问题引起全社会的高度关注的背景下，区域高层商务楼宇、保护建筑、宾馆饭店的消防安全问题成为楼宇职工、小区居民共同关心的重点问题。街道总工会根据实际情况，跨前一步，主动作为，切实担负起工会组织维护职工生命健康权益的职责，在大力开展消防安全宣传、与街道平安工作部联合开展安全生产督查活动的同时，将《职工劳动保护专项协议》列入集体合同附件，提交职工代表大会表决通过，从法律上以合同的形式固化对职工的劳动保护和安全生产监督，进一步从源头落实安全生产和劳动保护工作，切实保障职工安全与健康权益，对促进企业发展、建设安全社区起到积极的推动作用。

一是深入调查走访，了解职工需求。街道总工会安排专职党群工作者深入楼宇和企业，了解职工对安全生产、劳动保护方面的需求。通过召开座谈会、个别访谈、调查问卷等形式，梳理出职工对安全生产和劳动保护方面的需求20多项，涉及最多的是高温津贴、工伤事故、劳动技能培训、安全生产知识等方面的内容。

二是学习法律法规，制定专项协议。街道总工会认真组织工会干部学习了《劳动法》、《安全生产法》、《职业病防治法》等法律法规，草拟了《职工劳动保护专项协议》，交街道工代会代表讨论。经过反复修改后，制定出既契合职工实际需求、又合乎相关法律法规政策规定的《南京西路街道职工劳动保护专项协议》文本。协议内容共有六条，涉及安全生产、劳动保护监督、安全知识和岗位技能培训、高温津贴等方面，基本涵盖了职工

企业方和职工方代表签订《劳动保护专项协议》

劳动保护的各个要点。

三是召开区域职代会，签订专项协议。《职工劳动保护专项协议》文本确定后，街道总工会选取陕南小区作为试点，在该小区筹备、召开三届一次职代会。会上，小区工会主席通报了一年来小区安全生产和劳动保护工作，重点推出了《劳动保护专项协议》，将其列为集体合同附件，得到与会代表的一致同意，并由企业方和职工方代表共同签署并报劳动局备案。南京西路街道所有小区工会主席和党群工作者观摩了此次职代会。

街道总工会在辖区内的 14 个小区（园区）、30 幢楼宇中推广了陕南小区的成功做法，使《劳动保护专项协议》覆盖企业 882 家，职工 17 220 人。《劳动保护专项协议》作为集体合同附件在职代会上通过后，引起了楼宇物业和企业对安全生产和劳动保护工作的高度重视，纷纷对照协议条款，逐项落实。各楼宇、小区和企业工会不仅组织多次了消防演练，还依法建立劳动保护监督检查委员会，一年内开展 1—2 次的安全生产情况检查，对检查出的存在问题和薄弱环节及时向企业反馈，并督促整改，真正实现了防患于未然。

编者点评：

生命健康是职工群众最切身、最核心的基本权益。要从源头上保障职工群众的生命健康权益，必须将劳动保护工作与集体合同制度、职代会制度对接。南京西路街道总工会在区域性职代会上把《企业职工劳动保护专项协议》作为附件列入集体合同，从源头落实职工的劳动保护和安全生产工作的做法，拓宽了工会参与安全生产劳动保护工作的思路，丰富了职代会集体合同制度的内涵。在社会高度关注城市运行安全的大背景下，这一做法适应了企业要求安全生产、职工要求劳动保护的需求，得到了党政的支持、企业的欢迎和职工群众的认可。

47. 黄浦区南京东路街道总工会

“5Z 模式”推进职代会制度规范化建设

近年来，随着区域经济的繁荣发展，南京东路社区（街道）辖区内的非公企业数不断增加。在这些非公企业中，经常发生不能按时召开职代会，即使召开也会出现会议的内容、程序、形式不符合职代会要求，职工的合法权益难以保证的情况。基于此，南京东路社区（街道）总工会在强化劳动争议预警机制的基础上，积极探索区域性、行业性非公企业职代会制度，提出了以职代会为载体的五项制度（即“5Z 模式”），有效促进了区域内非公企业劳资和谐双赢。

一是实行职工代表人选公示制。根据《上海市区域性、行业性职工（代表）大会工作规范》，结合社区实际，南京东路街道总工会要求各小区联合工会的职工代表人选必须与所在辖区企业签订一年以上劳动合同，并规定了职工代表中一线职工和企业经营者的比例。在选举产生代表过程中，采用“两上两下”的筛选，不指定、不诱导、不暗示。各小区联合工会对每一轮产生的职代表人选都在辖区内醒目处张榜公示，公示期为 5 个工作日，并同时公布反馈意见的联系方式和责任人。对最终选举产生的职工代表除公示外，还将选举结果以书面形式送到辖区内职工数 10 人以上的企业签收，知晓率达 94%以上。

二是采用会议事项表决制。在职代会的具体过程中，根据不同的事项分别采用举手表决与票决制相结合的方法。关系企业发展的重大问题和广大职工关注的薪酬制度、劳动保障、职工权益等内容票决审议。对提案也做到会前征集、会中讨论、会后落实，确保职工的参与权不是“空谈”。

三是坚持各方会签制。凡是要由职代会通过的协商文本，社区总工会坚持在协商形成的文本提交职代会表决通过前，各参与协商的单位都

电子行业工资集体协商签约仪式

要签字盖章，随后通过职代会表决对文本成果予以确认。

四是执行行业工资标准备案制。在建立健全区域性、行业性集体平等协商机制、确定企业工资共同标准、拟定“一岗一价”的过程中，社区总工会针对区域内五金电器、美容美发、餐饮、百货零售等行业特点，分别制定了A、B、C、D四种类型工资标准，将协商确定的工资方案由职代会通过后，再报区人保局和上级工会备案。

五是探索“1＋2＋X”附件制。即在签订区域性、行业性集体合同时，将《专项工资集体协议》、《女职工特殊权益保护专项协议》附件一并纳入合同文本范畴，“X”是不同地区或不同行业具有个性化的补充条款，“X”的要素使协商内容与文本更切合实际，更具针对性和操作性。

在“5Z模式”的框架下，南东社区的区域性、行业性职代会制度得以建立并发挥了实实在在的作用。比如，长江小区、科技京城电子行业部分企业行政方主动向工会发出“要约”，形成了集体平等协商的“倒逼”机制，社区内的商务楼宇间也陆续复制“5Z模式”，进一步促进了和谐劳资关系、和谐社区的建设。

编者点评:

职代会是广大职工参与企业民主管理和民主监督最广泛、最有效的一种手段。如何确保职代会不流于形式,首先职代会要真正具有民主性、代表性,南京东路社区总工会“5Z模式”中的公示制、表决制,就充分体现了这点,增强了职代会的权威性。其次职代会要有与形式相配套的内容。社区总工会将集体合同、工资协商等纳为“5Z模式”实实在在的内容,积极构建和谐劳动关系,充分凸现了职代会实效,因此,职代会也真正成为了维护区域职工权益、引起非公企业行政重视并主动参与的重要平台。

48. 上海大学工会

推行网上提案制增强教代会实效

上海大学工会一直非常重视教代会提案征集和处理工作，将其作为深化校务公开、民主管理，拓展和创新教代会工作，加大民主参与力度的重要抓手。在近年的实践中，校工会逐渐发现，传统的书面形式、手工操作的教代会提案工作存在很大的局限性。比如，传统的书面提案由于提案人之间缺乏广泛的交流、沟通，经常出现多个内容相似或相近的提案，或者出现内容互相矛盾的提案；由于公开程度受到限制，对有关职能部门办案工作的监督不够，不能引起办案部门的足够重视，提案的处理情况也难以让全体代表了解知情，一定程度上影响提案的办理效率和提案作用的发挥。随着大学校园网的基本建成，无线和有线网络在支撑学术研究和提升研究管理效力方面发挥了重要作用。校工会由此提出依托现代化的信息技术加强教代会提案工作的设想，利用校园网搭建了教代会提案网上平台，并在两次教代会上予以实施和完善。

一是设置教代会网上提案平台。上海大学教代会网上提案平台设有代表书写提交提案、附议其他代表提案、提案人表达对提案回复的满意度和结案等项目，提案征集、代表上报提案、其他代表附议、提案委员会审批、办案部门办理和答复、代表的意见反馈和满意度评价等工作全部可在网上进行。所有教代会代表都可以通过实名登录进入平台，浏览提案工作的全部情况。提案工作全过程置于代表的视野之下，做到了公开透明。

二是加强教代会网上提案制培训。为了帮助更多的教代会代表尽快

上海大学三届五次教代会提案工作会议

了解和掌握网上平台的操作方法，校工会在召开分工会主席会议时，重点介绍教代会网上提案平台，采取现场演示的方法，由工会操作人员讲解网上提案的整套流程。同时，下发纸质说明文件，请分工会主席传达给各位代表，并留下工会工作人员联系方式，方便代表在实际操作中遇到问题咨询。

三是试行教代会网上提案制。在做好硬件和软件两方面的准备后，上海大学三届五次教代会提案工作第一次采用了网上提案平台，所有代表的提案内容在校园网上公开发布，教代会全体代表都能看到所有提案及其内容。很多不同学科、部门的代表相互交流、沟通和讨论，提出修改、补充意见，避免相似或相近的提案重复出现；有矛盾的提案则互相磋商，化解矛盾，取消其中不符合实际情况的提案。

四是在实践中不断完善。三届六次教代会继续试行以教代会提案网上征集、办理为主的办法。校工会通过调研，了解代表对已实行的网上提案工作的意见和建议，总结经验，不断完善教代会提案制。比如，改进操作界面浏览不便的问题，使代表们可以方便地进入平台，浏览提案工作的全部情况。

目前，上海大学已经初步建成较为完善的网上提案征集和处理系统，对激发代表民主管理和民主参与的积极性、反映民情民意、集中群众智慧、提高提案工作的效率和水平发挥了积极作用。“教代会网上提案制”实施以来，代表提案的质量显著提高，内容重复的提案数明显降低，教职工关注的热点更加凸显，提案真正成为群策群力、集思广益的治校方针政策的重要参考；同时，提案办理的全过程在网上全程展现，为代表所监督，增加了工作的公开透明，增进了各方的信任和理解。有关职能部门在这样的监督下，也进一步提高了责任意识和办案的积极性，对于一些由于条件限制暂时不能处理的提案，相关部门在讲明原因后，也得到了更多代表的理解，促进了学校干群关系的进一步融洽。

编者点评：

随着职代会提案工作的不断推进，职工群众对提案工作的要求也在不断提高，对提案办理的过程和结果也更为关注。上海大学工会“教代会网上提案制”，借助现代信息技术，加强和完善教代会提案制度和方式，极大地提高了提案工作的有效性。提案工作借助网络化实现了信息的快速传递和实时传播，为职工代表提供了更加方便的沟通交流平台，最终征集的提案能更真实反映最广大教职工的意见和建议，更有效地激发广大职工群众参与民主管理的积极性。这种推进校务公开、民主管理的新平台和新途径，可以为更多单位的职代会所借鉴，使职代会提案真正成为广大职工行使民主权益、集聚智慧力量的重要渠道。

49. 上海应用技术学院工会

完善两级教代会制度扩大教职工民主参与

随着上海应用技术学院改革发展进入新阶段，学校的内部管理体制出现了不少新情况、新问题，教职工参与学校民主管理的呼声越来越强烈，校工会作为高校民主管理的具体组织者，面临着组织职工积极参与学校行政管理的重要任务。为此，上海应用技术学院进一步完善学校民主管理的相关制度，建立工会主席列席党政会议机制，健全学校、院（部）二级教代会制度，同时，凡是学校重大事项、重要改革及时由工会、宣传部召开新闻发布会，接受教职工咨询，保障、支持工会参与学校中心工作，充分发挥工会的桥梁纽带功能和教职工在学校民主管理中的重要作用。

一是建立学校、院（部）两级教代会制度。建立了工会列席党政会议工作机制，工会常务副主席列席校长办公会议，学校党委常委会邀请工会一起讨论事关教职工利益事宜。学校党委专门制订下发了《关于加强和改进新形势下工会工作的若干意见》等规范性文件，建立起二级学院工会主席必须列席二级学院党政联席会议的制度。2011 年年初，上海应用技术学院召开教代会，教职工代表向学校行政报告提出 100 多条意见，会后，这些意见被归为 24 个问题，一一落实到机关每个职能部门。目前，整个学校已经形成较为完善的教代会组织原则和工作制度，学校 18 个二级学院（部）全部建立了教代会制度，实行院（部）务公开民主管理，切实做到了“凡是学校重大事项、重要改革和涉及教职工切身利益的事宜，必须由教代会进行审议通过后，才能在全校实施；凡是学校重大事项、重要改革随时由工会和宣传部举行新闻发布会，接受教职工咨询”。

二是组织开展教职工代表质询活动。召开教职工代表质询会，行政工作接受代表质询，探索推进校务公开民主管理。代表质询会由校人事

教代会上各部门负责人接受质询

处、教务处、科研处、学生处、基建处、资产处等重要处室负责人向教代会代表通报专门工作情况，代表可以直接进行质询。一位教职工代表曾质询基建规划处，新校区的体育馆要等到三期工程才能建成，而当时遇风雨天学生无法上体育课。该问题很快上报校长办公会议，经研究，决定利用已建成的实训中心等三处，辟出临时体育课场所。质询会使教职工代表充分行使民主参与、民主监督权利，促进校务公开落到实处。校计算机学院规定，凡是有 2 名教职工联名提出疑义的，可以直接查阅学院的财务账目。

三是多渠道征求教职工意见建议。学校每年都要召开各种座谈会，听取各方面意见。校工会出面召开了多场座谈会，就教职工关心的班车问题收集意见和建议，协同校办对每一位教工乘车情况进行全面调研，并根据教职工反映的周五下班路上拥堵的情况，及时调整下班时间，为教职工上下班提供便利，调动了教职工的积极性。在学院层面，机械学院在实施学院岗位聘任方案前，组织教代会代表反复讨论，对聘任方案的重点修改内容，以提案形式提出，在教代会进行审议并表决通过，增强了院系基层民主管理，也使院系的重大决策更为科学合理。

编者点评：

民主管理是现代教育制度的重要特征。上海应用技术学院围绕学校教育教学科研改革发展的需要，通过不断完善学校教代会和二级教代会制度建设和各项机制，丰富和拓展了学校民主管理的形式。学校通过大会讨论、审议、评议等方式以及提案等各种配套制度，广泛倾听教职工的意见建议，提高教职工参与学校工作的主动性、积极性，使更多的一线教职工对学校发展规划制定、教学科研成果认定、所在学院的经费使用等各项事务有了民主参与和管理的平台，从而推动学校的改革发展；通过及时了解教职工的利益诉求，特别是涉及教职工的收入分配、成果认定等相关利益问题，有效维护了教职工的合法权益，发挥了工会凝聚人心、推进团结的积极作用。

50. 闸北区市北工业园区工会

建立企业信息“GPS 跟踪机制”促劳动关系和谐

闸北区市北工业园区是一家汇集国有、民营、外资等多种企业业态的产业园区，涉及产业包括软件信息服务业、节能环保业、金融服务业、新材料等，园区面积达 3.13 平方公里。随着工会组建工作的不断推进，截至 2011 年，园区内工会组织数已超过 200 个，覆盖企业数达 350 余家，覆盖职工 1.6 万余人，工会工作面临着企业多、体量大、情况新、头绪杂、难度大等特点。市北工业园区工会在工作中发现，由于园区内企业的工会干部多为兼职，工作精力、工作权限多受限制，面对这样的现实情况，如何才能创新思路，创造性地开展好劳动关系和谐园区创建工作？市北工业园区工会提出，必须从源头入手，建立起一整套企业信息跟踪机制（形象地称为“GPS 跟踪机制”），以及时了解掌握园区劳资关系发展状况，从而有针对性采取措施，推动企业构建和谐劳动关系。

一是建立企业基本情况月报制度。园区企业多、单位类型杂、职工流动性强，通过月报表的形式，园区工会就能及时掌握企业和职工的最新基本动态和变化情况。

二是建立工会干部双月工作例会制度。园区工会每两个月召集基层工会干部召开一次工作例会，定期与基层工会干部沟通、了解情况，并及时将工会干部反映的情况和问题反馈给企业及园区相关管理部门，帮助协调解决。

三是建立重点企业定期走访制度。针对园区内部分生产密集度大的劳动关系高险企业，园区工会建立定期走访制度，通过定期走访企业、与企业工会干部定期谈心等，及时了解情况，为企业和职工排忧解难。

四是建立工会工作责任区制度。园区工会“巧借”园区党员服务中心责任区制度这一平台，把 228 家拥有工会组织的企业分成 4 个责任区，落

市北工业园区工会接受基层锦旗

实专人专岗，建立工会工作责任区制度，为及时掌握企业情况增设了一个有效渠道。

此外，市北工业园区工会还坚持定期对基层工会干部进行劳动法律法规、职工权益维护、企业民主管理、劳动关系预警机制等方面的业务知识培训，通过培训将企业工会干部联系起来，一方面帮助企业工会干部提升业务素质与能力，另一方面通过把这支队伍抓起来，培训他们提升处理问题的敏锐性、分析问题的判断力，进一步拓宽了企业劳动关系的预警渠道。

企业信息“GPS 跟踪机制”建立实施后，取得了积极的效果，依托这一系列制度，市北工业园区工会先后成功处理了数起企业欠薪、经济性裁员等劳资纠纷事件。如园区内某企业发生集体欠薪事件，这一情况通过企业信息“GPS 跟踪机制”第一时间送达到园区工会，园区工会立即启动预警协调机制，一方面向上级主管部门汇报，一方面主动到企业与资方、职工进行沟通和协调，最终在区总工会的指导下和相关职能部门的协调下，欠薪事件最终得到了圆满解决。企业职工在拿到应得的劳动报酬后，给园区工会送来了书写“为民解忧，衷心感谢”八个大字的锦旗，表达对工会的感激之情。

编者点评：

随着经济社会转型进程不断加快，构建和谐劳动关系的重要性日趋突出。街镇、工业园区等工会面对的企业普遍多且情况复杂，如何及时准确把握基层企业的劳动关系信息，努力实现在第一时间介入劳资纠纷调解，从源头入手维护稳定、预防劳资纠纷的扩大化，是这些工会需要积极探索的课题。闸北区市北工业园区工会通过设立跟踪制度，及时掌握企业第一手劳动关系信息，为成功调解劳资矛盾、维护园区和谐稳定发挥了积极作用。

51. 上海索广电子有限公司工会

实施恳谈会、协商会制度促进职工民主管理

上海索广电子有限公司3 000余名职工中，年轻职工占了近80%，受教育程度普遍较高，权利意识较强，更为看重对企业的归属感。在劳资博弈的新形势下，有些年轻职工尤其是年轻的外来务工人员选择“用脚投票”，导致职工离职流动频繁，成为制约企业发展的瓶颈之一。上海索广电子有限公司工会紧紧围绕企业的经营目标，把维权与民主管理、加强企业文化建设与关心关爱职工统一起来，建立了“双月恳谈会”、“季度协商会”制度，有力推进了职工民主管理。

一是做足会前筹备工作。在每次“两会”召开之前，工会都充分做好调研工作。比如，在恳谈会前，要了解职工的想法和要求，同时发动员工就公司生产发展、福利待遇提建议。在协商会前，工会主动查找国家有关物价指数资料，了解同行业的工资水平，系统内兄弟合资企业拟增资的幅度，公司目前的经营状况，历年来的增资幅度及目前的工资水平在合资企业中的比较，得出目前本单位工资水平在行业中的位置，为尽可能地缩短与其他企业的差距确定一个理由充分、数据合理、富有弹性的目标值。

二是确保会议召开。由工会制定会议时间表，明确会议制度，确保“两会”召开时，公司行政不以任何理由和借口拖延参加或不参加会议，也确保参加会议的职工代表能畅所欲言反映具体问题，提出建设性建议。

三是抓好会议成果落实。对职工在恳谈会上提出的问题和建议，由工会进行分类整理，协调相关部门，争取尽快解决。对暂时不能解决的也要求落实责任部门和责任人，限期拿出解决方案。对在协商会上达成的集体合同及工资专项集体合同、女职工专项集体合同等协商成果，工会要督促企业予以落实。

职工代表在协商会上发言

经过多次的恳谈会与协商会，职工在工资、福利、培训等各个方面待遇不断得到改善。比如，通过恳谈会，公司食堂增加供应点心，解决职工加班回宿舍后的充饥需求，为此还专门招聘了一名点心师。通过协商会，公司与专业院校共同创建“索广大学”，建立劳务职工医疗保障体制、劳务职工意外伤害医疗保险基金等机制等等，使公司劳务工的离职率大大低于同行其他企业。这些举措都大大提升职工对企业的认同感、归属感。

编者点评：

在一些企业，工会作用发挥不够，职工权益难以得到充分保障，一个很重要的原因就是工会与职工群众的联系不够密切，企业民主管理工作基础较为薄弱。作为一家合资企业，上海索广电子有限公司工会充分认识到这一点，在工作中以恳谈会和协商会为载体，畅通职工诉求的渠道，搭建管理层和职工之间对话、交流的平台，把维权与民主管理、关爱职工统一起来，切实提高职工各方面福利待遇，增强职工对企业的认同感和归属感，让企业和职工充分认识到工会组织的重要作用，这对于合资企业工会加强职工民主管理、有效履行工会维护职能具有一定的参考价值。

第四部分

提高职工素质

52. 上海市机电工会

打造“5+1”平台培育高技能人才

作为中国最大的装备制造集团，上海电气正在向高端先进制造业迈进，随着产业结构的升级优化和重大技术改造项目的实施，对高技能人才的需求和培养就显得尤为重要。机电工会围绕企业中心工作，坚持以学习上海电气高技能人才领军人物李斌为主要抓手，打造了“5+1”推进高素质职工队伍培养的系列工作平台，受到党政认可和职工欢迎。

一是李斌工作室——首席技师工作平台。命名李斌首席技师工作室，使技术工人学有榜样，追有目标，赶有方向。并先后建立了李斌数控技术工作室、金德华电工技术工作室、赵黎明焊接技术工作室、李治国大型数控操作技术工作室和李斌数控技术工作室临港工作站，初步形成了以“4+1”工作室为中心、企业工会组织协调、上海电气李斌技师学院跟踪、指导、服务的组织构架和运行机制。运用首席技师制度，发挥人才集聚效应和带动效应，有效解决生产、工艺上的突出问题。

二是“李斌杯”——技能竞赛平台。举办“李斌杯”技能大赛，彰显劳模价值，为职工技能晋级创造条件。“李斌杯”设立了IT工种、数据库管理、网页设计制作、数码影像设计、计算机程序设计、产品外观设计创意大赛等高科技含量的竞赛项目，实现了由“蓝领”向“白领”的延伸，被评为市总十大职工素质工程品牌项目。

三是李斌式职工——人才激励平台。上海电气集团和机电工会先后注入200万元成立“李斌式职工荣誉奖励金”。按照“宣传一个、培养一批、造就一代”的理念，每年评选“李斌式职工”、“李斌式班组”、“李斌式职工标兵”和“李斌式班组标杆”，在评选活动体现思想的先进性、职业道德

全国劳模李斌在技术工人培训班开学典礼上作动员

的示范性、技术的创新性及评选标准的科学性。

四是"李斌论坛"——探索交流平台。建立李斌论坛，挖掘李斌"爱岗敬业、刻苦钻研、勇于创新、无私奉献"的精神内涵，引导职工学习先进思想，掌握先进技术。"李斌论坛"承载着引领价值取向、提升理论层次、把理性认识转化为实践操作的重要作用，论坛内容紧扣当代装备制造业的高端发展和推进职工素质工程的要求。

五是李斌技师学院——技能提升平台。机电工会在党委的领导下，整合教育资源，建立了"上海电气李斌技师学院"，作为培养高技能人才的基地。学院确定了"发扬李斌精神、开展技能培训、实施学历教育、实现工种开发、努力服务全国"的功能定位，落实"学院加工厂、学历加技能"的办学方针。学院聘请上海知名的全国劳模担任名誉教授，李斌亲自为学员授课，已成为国家人力资源和社会保障部确定的国家高技能人才培训基地、全国数控网络培训中心上海市分中心，也是上海市职业培训指导中心"灰领"职业(模块)培训机构之一。

六是"3＋3＋3"培训模式。其一，以农民工为重点，考察选拔基础好、素质高的有 3 年工作经历的优秀技术工人进行培养，为集聚农民工中的人才搭建了平台;其二,给予3年半工半读的学习机会,培养高级工;其三,对优秀技术工人再用3年时间深造,培养技师、高级技师。李斌技师学院严格按照上海电气"3+3+3"技术工人培养专业教学计划要求,建立健全教学管理制度,加强教学过程的质量监控,先后制定了上海电气"3+3+3"技术工人培养系列教学文件,并按其要求严格实施;还开设了企业自主课程,这也是上海电气"3+3+3"技术工人培训的一个创新之举。

在"5+1"系列工作平台的推动下,目前,上海电气高技能人才占技能型人才比例达到24.4%,占技术工人比例达到22.74%,一些企业高级工以上的高技能人才比例已经超过30%。依靠这支高技能、创新型的人才队伍,一大批科技创新成果在实际生产中得到运用,有效转化为现实的生产力,提升了企业生产、设计、工艺水平,成为推进企业发展的强大力量。

编者点评:

上海加快经济发展方式转变,归根结底要靠提高劳动者素质。高技能人才紧缺问题,已成为目前制约许多企业转型升级的主要障碍之一。机电工会主动回应产业优化升级对职工队伍素质提出的紧迫要求,积极打造"5+1"工作平台,培养高技能、创新型人才队伍的做法,为深化职工素质工程提供了经验。在培养一支与上海经济社会发展相适应的高素质职工队伍的过程中,工会组织就是要积极发挥独特优势,发挥劳模先进的典型示范引领作用,大力培养知识型、技能型、创新型职工,为产业优化升级、企业长远发展打下牢固基础,为上海加快创新发展贡献力量。

53. 上海市纺织工会

技能竞赛与劳模评选联动提升职工素质

近年来，由于上海国有纺织服装企业战略转型，国有纺织服装企业大幅减少，各区行业工会下属纺织服装企业大多为非公企业，许多非公服装企业的生产一线操作工人以农民工为主体，没有经过系统的技能培训就上岗，直接影响到产品的质量，在纺织全行业职工中开展操作技术培训和技能提升非常有必要。上海纺织工会整合既有资源，与各区纺织行业工会共同开展纺织服装行业职业技能培训和技能竞赛活动，将国有纺织服装企业开展职工技能培训、技术交流、技能竞赛的做法向非公企业延伸，积极为上海纺织服装企业职工提升技能搭建平台，建立起行业职业技能竞赛、职业技能鉴定与产业劳模培育评选联动机制。

一是建立职工技能培训长效机制。纺织工会具有职工技能培训、比武活动的传统，在提升职工技能素质方面有比较成熟的工作方法和充足的专业技术人才资源。基于此，纺织工会与相关行业协会制定了《关于实施工会与行业协会联席会议制度》、《关于开展纺织服装行业职工技能培训技能竞赛若干意见》、《关于在职业技能培训工作中服务企业的实施办法》，从制度上规范工会和协会合作举行全市性纺织服装专业职业技能竞赛和职业技能鉴定等活动。

二是形成职工技能提升机制。针对不同工种的要求，纺织工会分别与服装协会、棉纺织协会、内衣协会、家纺协会、印染协会等建立纺织服装职业技能培训和技能竞赛制度。先后组织开展了棉纺粗纱工、细纱工、纬编工、服装设计定制工、服装制版师、时装设计师、服装跟单师等多项操作技术比赛和职业技能竞赛，有力地提升了纺织工人的技能水平。

三是完善技术能手向劳模培育转化机制。纺织工会把一线职工技术

服装跟单技能培训班上课场景

培训、岗位练兵、技能比赛等作为培养、锻炼生产先进和劳动模范的重要渠道，专门制定了《劳模先进培育、推荐、评选工作程序》，把在技能比赛中涌现出的技术技能水平高的生产一线职工作为劳模推荐的重要对象。

通过将技术培训、技能比赛等与劳模评选捆绑联动，提高了职工提升技术技能的积极性与主动性，上海纺织系统涌现出一大批生产技术能手，很多职工在全国和全市同工种技术比武中脱颖而出，成为企业生产技术的骨干，进一步提升了上海纺织职工整体素质。

编者点评：

在推动非公企业职工技能培训和技能竞赛过程中，上海纺织工会充分发挥产业工会善于开展劳动竞赛推进职工素质工程的工作优势，既充分考虑到行业特点和企业实际情况，又高度重视劳模的引领激励作用，从建立同业技能培训、职业技能竞赛与产业劳模评选三位一体联动机制入手，多管齐下组织跨地区同工种技能比赛和技术培训，为建设一支与上海纺织业发展相适应的高素质职工队伍发挥了积极作用。

54. 上海市医药工会

加强“职工学校”建设深化工会大学校作用

伴随本市医疗卫生体制改革和上药集团整合重组的不断推进，企业体制、管理、文化、理念、职工利益格局等都发生了很大的变化，对职工队伍的整体素质也提出了新的更高要求。为尽快让广大职工更好地适应形势发展和企业转型升级的需求，医药工会结合行业职工队伍的现状与特点，以需求为导向，以分类指导为原则，大力加强“职工学校”建设。

一是创新建制，突出针对性。在“职工学校”的设立与建制上，市医药工会突破传统职工教育培训模式，不设固定的校址、师资、课程，在充分了解职工需求的基础上，针对不同层次职工的不同需求，有针对性地开展教育培训工作。如配合集团发展战略和职工需求，对班组长开设“让班组成为利润倍增的源泉”等课程，注重更新班组长的观念，明确新形势下“零号首长”肩负的责任。又如针对行业特点，开展面向生产一线的“恪守药业责任、塑造上药品牌”、“做一个有良心讲科学的医药人”等培训，提高广大职工的质量意识、诚信意识和责任意识。

二是设立职工学校分校，扩大职工受训面。在市医药工会的部署下，各基层工会结合各自实际，相继开办了职工学校分校，积极开展各类贴近职工和企业需求的教育培训活动。如上海市药材有限公司开展“推动中药现代化进程培训”，以促进职工全面发展；上海信谊药厂有限公司发挥优秀技术工人讲师团作用，对职工工艺攻关进行专项培训；上海医药分销控股有限公司借助华师大等教育机构力量，开办心理学辅导培训等。

三是搭建沟通平台，把握职工思想动态。上药集团“职工学校”不仅是一个培训的平台，还是一个畅通职工诉求表达的有效通道。在“职工学校”中，医药工会探索运用学员座谈、问卷调查、意愿征询等形式，就企业发展和职工关

新先锋员工学校全员培训班老师在授课

心的热点、难点问题进行调查摸底。如职工学校举办“与总裁面对面，和企业心连心”讲座，由集团领导主讲企业发展战略，并让职工就薪资福利、人才引进等问题与集团领导直接对话。在生产企业班组长质量管理培训班上，集团行政、工会领导通过与生产企业班组长的座谈，了解生产企业质量管理的现状和存在的问题，为集团全面开展质量整治专项活动奠定基础。

四是强化师资建设，助推工会自身建设。医药工会在办学的过程中明确，系统各级工会干部都应结合自身所长，主动担任“职工学校”的授课教师。为进一步落实教师培训计划和实施进度，医药工会还定期举办职工学校师资培训班，对各职工分校的师资进行相关课程的专题辅导，在强化“职工学校”教学实效的同时，也提升了工会干部学习知识、运用法律、凝聚职工、协调矛盾和开拓创新的能力。

在这一系列措施的带动下，上药集团的“职工学校”受到了广大职工的欢迎，取得了良好效果。目前职工的参与率达70%以上，充分显示了职工学校的强劲生命力，为提高上药职工的整体素质做出了积极贡献，调动了职工群众投身于经济建设的主动性、积极性和创造性。“职工学校”的创办，也促进了工会干部理论素养、工作能力的提升及工作作风转变，在一定程度上，“职工学校”成为了医药工会加强自身建设的“助推器”。

编者点评：

“职工学校”是工会履行教育职能、服务职工群众、扩大工会影响力的重要阵地。市医药工会创办的“职工学校”坚持以服务企业、服务职工为导向，在贴近实际、贴近企业、贴近职工上做了探索创新，较好地体现职工教育的分类指导；坚持把职工学校建设与畅通职工诉求表达渠道、加强工会自身建设相结合，拓宽了职工学校的功能。

55. 上海市运输工会

总结推广先进操作法提升一线职工技术技能

上海交运集团在“十二五”规划中，提出“高级工比例达到10%”的职工素质发展目标。为充分发挥工会在推动职工队伍整体素质提升中的积极作用，市运输工会挖掘潜藏于职工中的资源和宝藏，针对一线职工中涌现出的优秀工作经验和操作法，先后总结、汇编了两册《上海交运(集团)公司首席职工、技术能手先进操作工作法》，并前往下属零部件制造企业、物流企业、轮渡公司等基层企业，利用工前会、工后会开展先进操作法演示推广工作，组织首席职工、技能“达人”现场推广展示先进操作法，努力推动先进操作法进一线、进班组、进岗位。

一是建立健全首席职工制度。不断从优秀人才中培育、选树出具有引领作用的首席职工，是确保先进操作法推广工作具备生命力的源头与保障。运输工会在企业一线主体工种及核心岗位中深入实施首席职工制度，通过职工自荐、群众推荐、组织推荐等方式综合考核评定首席职工人选。对获得荣誉称号的首席职工给予优先参加高层次培训与继续教育、优先推荐参加高一等级职称评审和鉴定、优先在企业调整工资时晋升工资、优先推荐参加上级各类先进评选、优先获得疗休养和体检等待遇。

二是提炼总结先进操作法，汇编成册予以推广。在做好首席职工培养、选树工作的基础上，市运输工会更注重充分发挥首席职工在激发创新活力、崇尚智慧生产中的引领作用，以提炼、推广先进操作法为载体，围绕集团新时期发展目标，在首席职工、技术能手队伍建设中，倡导“平凡的岗位、智慧的工作”理念，总结、汇总出一批优秀工作经验和操作法，先后汇编成两本《上海交运(集团)公司首席职工、技术能手先进操作(工作)法》。在这一活动的带动下，更多的首席职

首席员工在工作现场介绍经验

工、技术能手得以涌现，更多的先进操作法得到总结推广，更多的群众性科技创新成果为集团发展所用。

三是让先进操作法走近一线，服务一线。先进操作法来自一线，其效能的体现更在于服务一线、指导一线。运输工会在将职工先进操作法汇编成册的基础上，探索利用各企业工前会、工后会等平台，组织首席职工、高技能职工对各项先进操作法进行现场演示推广，努力让先进操作法在更多的班组中、职工中生根发芽。

2011 年，运输工会先后组织首席职工、高技能职工赴交运股份零部件分公司后纵梁焊接班组、交运日红物流发展有限公司机场中心 24 分公司、轮渡公司南外滩营运分公司、浦江游览公司公平码头“牟丹”号游船、汽修三厂、通华公司、动力公司和南站长途“阳光岛”服务台，开展了王增峰薄型钢板焊接“三要”操作法、倪金贤“三三”操作法等现场演示推广活动。这一系列活动的开展，让一线职工受益匪浅，有效推动了集团素质工程的深入开展，有力推进了集团人才强企战略的实施。

编者点评：

在当前上海创新驱动、转型发展的关键时期，如何充分发挥工会“大学校”作用，为造就一支创新型、知识型、技能型的高素质职工队伍作出应有贡献，是摆在各级工会面前的一个重要课题。运输工会推进实施的首席职工先进操作法进一线、进班组、进岗位举措，既可以通过学习借鉴使广大职工在工作实践中少走弯路，又可以使职工在技术技能交流中相互启发，进一步推动先进操作法的改善，总结提炼新的先进操作法，实现了从职工中来再到职工中去和从实践中来再到实践中去的有机结合，是探索创新职工素质工程工作的有益尝试。

56. 中国邮电工会上海市邮政委员会

“全民健身实施计划”促职工“健康工作”

上海邮政共有职工28 000余名，其中一线职工约22 000名。邮政工会的一项调查显示，当前邮政职工的体质状况不容乐观，机关干部整天面对电脑，颈椎病、腰椎病、高血压症状多见；一线职工受邮政24小时作业制特殊性影响，许多人工作疲劳，生活缺乏规律，自觉参加体育锻炼的职工比例较少。由于体质下降，希望企业组织职工进行体育锻炼的呼声日益高涨。基于以上情况，上海邮政工会于2011年制订推行了《上海邮政全民健身实施计划》。

一是以学促健，提升职工健身意识。充分利用《上海邮政》报等宣传载体，运用黑板报、宣传栏、班组讨论等形式，在企业内部进行体育运动项目知识辅导、养身保健交流等健身知识的宣传推广，推动职工健身意识普遍增强。

二是以练促健，提升职工健身参与率。广泛开展“绿色健身288”普及型全员健身项目，即发动各基层单位在工作间歇进行广播操锻炼，每日锻炼两次，每日锻炼八分钟。

三是以赛促健，提升职工精神风貌。定期举办运动会，设置拔河、乒乓球、羽毛球等群众性健身项目。基层工会每季、每月均组织相应健身活动。

四是以检促健，提升职工身体健康指标。认真组织职工健康体检，并建立完善职工身体健康档案，对患病职工身体健康状况予以跟踪关注。

五是以创促健，打造职工健身活动品牌和文化建设亮点。倡导各基层单位以“绿衣使者、低碳健身”为主题，因地制宜、百花齐放，“一单位一品牌”，打造邮政健身活动品牌。

六是以保促健，提升职工自我预防保护的意识和能力。积极提供医疗保健、劳动保护等知识咨询和辅导服务；同时，要求各基层单位在组织

运动会长跑比赛众人起跑

健身活动的同时，加强防护措施，宣传健康锻炼、量力而行。

七是以管促健，建立健全职工健身长效机制。成立健身兴趣小组，并遵循“五定”原则制定完善的活动管理制度。

邮政“全民健身实施计划”一经推出，即得到基层工会和职工群众的积极响应，取得了良好效果。其中，群众性健身项目职工参与率达 90%以上，“绿色健身 288”项目职工参与率达 80%以上，并形成了邮区中心局羽毛球特色健身品牌、市北邮政乒乓球特色健身品牌等各具特色的职工健身文化品牌项目，形成了健康、团结、创新、拼搏的良好工作氛围。

编者点评：

职工文体工作是工会维护职工精神文化权益的重要内容，是工会联系职工、凝聚职工的一个重要途径，在提升职工综合素质、丰富职工文化生活、促进职工队伍和谐稳定等方面，发挥着重要作用。上海邮政工会把“全民健身实施计划”融入企业发展大局，并将活动项目与行业特点相结合、与丰富业余生活相结合、与职工内在需求相结合，全方位、多渠道、成体系推进，形成声势、取得实效，充分体现了工会组织在推动职工文化大繁荣大发展中的主动作为。

57. 上海航天局工会

开展“女职工读书期刊网上展评”激发职工读书动力

伴随着上海市振兴中华读书活动的开展，上海航天局工会女职工读书小组已走过8个年头。围绕“争创学习型组织、争做知识型职工”的要求，航天局下属各单位均成立了女职工读书小组，各小组不断丰富读书活动的内容与形式，推出各种读书沙龙、读书论坛、专题兴趣小组等活动，成为航天职工文化建设的重要内容。近年来，随着国家航天工程的不断推进，航天职工队伍的整体素质不断提升，在工作、生活节奏日益加快的同时，很多职工都希望获取文化知识的方式更加灵活、更加便捷。为此，上海航天局工会女职工委员会从职工需求出发，组织探索女职工期刊网上展评活动。

一是拓展思维，展评结合。立足于航天系统多年形成的读书活动良好基础，上海航天局工会女职工委员会积极探索读书活动的新模式，运用互联网信息技术，将原来自成一体的封闭式读书形式转变为互动性强的开放式读书形式，不断凸显女职工读书活动的参与性、启迪性、灵动性。具体做法是，结合航天局女职工“读一本喜爱的书、办一次期刊展评、开一场专题论坛”的“三个一”主题读书活动要求，局工会女职工委员会拓展思维，确立以“品味书香、秀出魅力”为主题、开展展示与评选相结合的女职工期刊网上展评活动，以更好地秀出航天女职工爱事业、爱家庭、爱生活的丰富内涵与人格魅力，为上海航天成立50周年添上一道亮丽的景色。

二是组织征集，上网展评。上海航天局工会下发活动相关文件，通过动员各基层工会征集各读书小组汇编的女性读书期刊，并加以展评，共收到12家单位报送的12类期刊。在2011年“三八”节前夕，航天局工会女职工委员会运用信息技术，将这些反映系统女职工工作、生活的女性主题专刊挂到航天局域网，并精心配置了画面、音乐，系统每一位职工可上网对每一本参评期刊进行浏览品味、投票评选。

三是汇总选票，公布结果。由于网上期刊同时兼有画面、音乐、文字，可看性强，深受职工好评，整个女职工读书期刊网上展评活动的一个月期间，共有近 1 300 名职工通过局域网上参加了网上阅读与投票。最后，综合职工网上投票和专业评委评选情况，有 4 家单位的期刊分别获得最佳编辑期刊、最具创意期刊、最佳女性期刊和最佳职工期刊称号，并推选了航天控制所采编的《女性风采》为人气最高期刊，7 本期刊获得优秀期刊，结果在网上公布后，得到了职工的进一步响应，相关期刊的点击数不断提升。

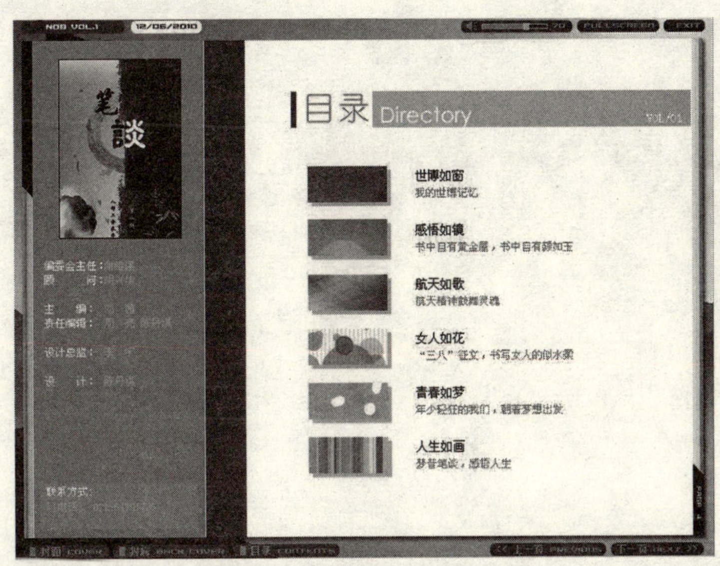

女职工电子期刊《笔谈》目录

航天女职工读书期刊网上展评活动在系统女职工中营造出浓厚的读书学习氛围，进一步倡导了“爱读书、钻技术、当尖子、能创新”的航天风尚，进一步激励了广大女职工通过读书求知、求技、求乐、求为，增强了工会读书活动的吸引力、感染力和影响力，获得了各级组织与广大航天女职工的肯定与好评。

编者点评:

当前,随着经济社会全球化及互联网信息技术的日益普及,职工获取信息、知识渠道的不断拓展,阅读的个性化特征日益凸显,读书方式日趋呈现出信息化、网络化、多元化的特点。如何适应时代、职工的需求,创新活动方式方法,是读书活动进一步深化发展亟需探索的重要课题。上海航天局工会开展的女职工读书期刊网上展评活动,牢牢抓住读书活动的内在实质,紧密结合行业职工特点,运用现代信息技术,搭建职工交流交融的平台,用职工喜闻乐见的形式,为新形势下保持职工读书活动持久活力与旺盛生命力提供了有益的尝试。

58. 上海市金融工会

开展职业技能鉴定培育更多金融职工人才

近年来，上海的金融市场发展迅猛。目前，金融机构总数已超过1 000家，年交易总额达 386 万亿元，从业人员逾 21 万人，其中银行、保险、证券、期货等行业的窗口从业人员逾 38 800 人。快速集聚的金融机构和日益发展的金融市场，带动并促进了个人金融服务需求的提升，同时也对金融窗口岗位职工的业务技能提出了更高的要求。市金融工会在调研中发现，由于存在各个单位自成体系、窗口职工岗位名称不规范、岗位等级没梯次、岗位标准不统一等原因，窗口职工的实际技能水平难以评判，对职工素质提升造成一定影响。为了改变同行业同岗位技能评判标准不统一的现状，进一步提高广大职工的业务技能，市金融工会提出“开展金融职业技能鉴定，提升金融职工技能水平”的金融高技能人才培养新模式。

一是推出职业技能鉴定标准。积极配合市金融党委等制定《关于本市金融行业服务窗口部分职业培训和鉴定工作的通知》等文件，就开展金融职业技能鉴定、加快金融高技能人才培养进行部署，并将开展金融职业技能鉴定推进技能提升，作为“十二五”在上海金融系统开展的“促进区域发展全国示范性劳动竞赛”的首要内容。

二是明确参与部门职责。围绕金融职业技能鉴定工作，明确相关工作职责：市金融工会领导的市金融职业技能鉴定所负责鉴定考试；市金融发展服务中心负责前期鉴定项目研发和培训管理，依托行业同业公会和金融机构自身力量开展项目培训；同时成立 202 人组成的研发专家、考务管理、考评员三支队伍确保鉴定质量。

三是积极推进技能鉴定。制定《上海金融职业技能鉴定所管理制度》，依托金融行业各同业公会，坚持“试点先行、典型推广、交流普及”的推进方法，通过举办市、系统、区等多级技能竞赛的形式，相继开展“银行柜员”四级、三级，“呼叫服务员（金融银行客服）”四级，“保险理赔员（车损定损）”五级、四级等共 3 个项目 5 个等级的金融职业技能鉴定，并对鉴定合格和竞赛获奖员工分别予以培训费用补贴和表彰奖励。

四是不断完善调整鉴定项目。紧紧围绕行业和用人单位的发展需要，市金融工会不断改进和开设新的职业技能鉴定项目，组织项目专家小组进行反复论证，对鉴定中的技能参数进行调整，使考核和培训更贴合银行一线的实际操作。比如，在网上银行日益普及的情况下，又将网银技术保障员纳入职业鉴定立项项目。

银行柜员技能鉴定数钞考试

开展职业技能鉴定后，金融行业职工岗位技能评判标准逐步统一，也极大地提高了职工钻研学习业务技能的积极性。截至 2011 年底，有 21 家银行、33 家保险公司、301 家汽修厂，共计 28 448 人主动参加技能项目鉴定，12 055 人获得人保部颁发的国家职业技能资格证书，其中太平洋财产保险股份有限公司 40 家分公司的 2 603 名职工参加了“保险理赔员（车损定损）”五级鉴定，有 1 273 人获得证书，为推动金融行业职工业务技能提升发挥了积极作用。

编者点评：

上海国际金融中心建设既为上海实现新一轮跨越发展提供了新机遇，也对金融行业职工的整体素质提出了新要求。从国际上看，较为成熟的金融中心，金融行业职工都需要具备较高的从业素质和职业技能，以伦敦为例，职工中具有相关行业资格认证达到45%左右。金融工会以开展职业技能鉴定为切入口，把职业技能鉴定工作与劳动竞赛、培育职工人才等工作紧密结合，推动了金融行业职业技能鉴定标准统一，提升了广大职工的业务技能，充分体现了工会在服务发展大局、服务职工中的重要作用。

59. 上海市教育工会

"校园新星"评选助力教育质量提升

教师队伍的素质决定着培养人才的质量，也对整个社会的文化素质水平带来深远影响。2011 年，上海市教育工会在全市教育系统首次开展了"校园新星"评选表彰活动，大力推动职工素质工程建设，为提升教职工队伍素质、提高教育教学质量进行了有益探索。

一是层层发动，广泛参与。市教育工会下发了《关于开展上海市教育系统 2011 年"校园新星"评选活动的通知》，要求各高校、各区县教育工会认真组织、层层发动开展"校园新星"的评选工作，充分发动二级院系、中小幼基层学校积极参与评选活动。各基层单位切实加强领导，将评选工作同本单位"创先争优"活动相结合，由单位党政一把手亲自组织开展评选活动，通过举行"校园新星"擂台赛等形式，评选出各单位的"校园新星"。

二是加大宣传，营造氛围。各级教育工会把"校园新星"评选活动及评选过程作为学习、宣传师德师风的重要契机，通过校报校刊、校园网、宣传栏等多种形式加强宣传。还邀请《劳动报》、《东方教育时报》等媒体记者跟踪采访各基层单位的评选活动，及时对评选活动的进展情况、"校园新星"的先进事迹进行宣传报道，使活动各个环节更加透明，扩大评选活动的社会影响力。同时，在教师节期间举办教育系统劳模、校园新星座谈会，表彰上海市首届"校园新星"，更好地传承和弘扬劳模精神。

三是严格标准，确保质量。在"校园新星"评选过程中，坚持评选标准的严格性和全面性，不仅要求将师德标准作为对各类"校园新星"共同的要求，同时也针对教学、科研、管理、服务不同业务特点，分别制订了"教学新星"、"科研新星"、"管理新星"、"服务新星"的评选标准，并邀请来自上海市教卫党委、上海市教委、上海市中小幼教师奖励基金会等部门的专家学者二十人组成评选组,对入围者进行了全面、科学的评价,确保评选过程公开、公正。

被评为“校园新星”的老师合影

活动开展以来,各高校(包括民办高校)、直属单位、区县教育工会等56个单位向上海市教育工会推荐各类“校园新星”共计138名。这些先进典型在各基层单位中产生了示范辐射效应,广大教职工纷纷向身边的榜样学习,营造出了教育系统爱岗敬业、爱生爱校的良好氛围,为建设一支高质量、高水平的教职工队伍发挥了积极作用。

编者点评:

推进职工素质工程建设,需要不断适应经济社会发展新要求和职工群众的新需求,积极探索创新工作平台和品牌项目,不断拓展和丰富职工教育培训的手段和方式。上海市教育工会开展“校园新星”评选活动,结合教育系统青年教师实际,努力为他们搭建成长成才的平台,不仅促进了青年教师专业技能和整体素质的提高,推动了学校教师梯队结构的合理化转变,也充分体现了工会在创新职工素质工程建设中的“大学校”作用,有效扩大了在教职工群体、青年职工群体的影响力和吸引力。

60. 上海巴士公交(集团)有限公司工会

“劳模讲堂”引领职工岗位成才

在迎博办博过程中，由公交企业的劳动模范组织成立的劳模“啄木鸟”行动队，深入基层一线和职工群众，使职工零距离感受到劳模们的敬业精神和精湛服务技艺，引领职工岗位成才，带动了整个行业的服务质量提高。为了进一步推动巴士集团下属的各公司推出各具特色的服务内容，打造更多公交职工对外服务的品牌，巴士集团工会在总结世博经验的基础上，决定继续发挥劳模示范效应，创建了以著名劳模马卫星为负责人的“劳模讲堂”，形成了经验交流、技艺传授、技能辅导等“课程”，开创了劳模与职工零距离交流互动的新途径。

一是明确目标，建立活动规则。首先，明确“劳模讲堂”要立足于“三个必须”：必须服务服从于企业改革发展的大局、必须着眼于推动服务创新能力的提升、必须致力于职工队伍整体素质的提高。其次，明确提出了搭建服务传授、成果展示、争先创优、评先树优“四个平台”的具体设想，鼓励劳模先进展示在“创先、创新、创效、创优”上的示范引领作用。第三，为了“劳模讲堂”活动长久有效开展，通过建立健全各项管理机制，把分散的劳模先进个体与企业的总体需求系统地、持续地结合起来。集团工会制定了《创建“马卫星公交营运服务工作室”的管理办法》，为“劳模讲堂”提供了有力的制度保障。

二是加强组织，实行有效保障。“劳模讲堂”实行日常活动和集中活动结合的运作模式，由巴士集团和巴士二汽工会分别牵头负责组织。为确保“劳模讲堂”的正常运作，久事工会、巴士集团、巴士二汽、49 路车队四级工会分别给予经费、津贴和场地的支持。

三是找准切入点，精心设置“课程”。“劳模讲堂”推出了包括服务技艺、节能降耗、等级线路评定等方面的交流内容，围绕公交服务中的实际问题，以个人工作经验的总结、提炼和传授，通过主题演讲、观摩学习、名师带徒等形式开展。同时，还开设了现场教学课，以巴士集团等级线路评定为背景，组织各成员企业下属分公司代表实地观摩学习品牌线路经验，座谈交流寻找自身不足，取长补短提升服务水准。

全国劳模马卫星给学员上课

“劳模讲堂”开办以来，多次探讨公交服务的焦点、难点问题，使劳模先进的示范作用得到生动体现。全国劳模马卫星以自己的成长经历和体会作为“劳模讲堂”的开堂之篇，全国“五一”劳动奖章获得者徐卫琴作了题为《乐意接受挑战、精心服务乘客》的演讲；全国和上海公交行业“节油明星”郑志刚和杨峻也先后登台，介绍了自己参与比赛和平时安全节能的先进操作方法。目前巴士集团工会已将他们的操作拍摄成辅导视频片子，作为班组培训材料加以学习推广。

编者点评：

公交行业是城市文明的窗口。对上海来说，随着城市人口急剧增长和国际化水平快速提升，公交窗口文明服务的质量要求更加严格，这也对公交职工的文化素质、业务水平等综合素质提出更高要求。巴士集团工会推出劳模讲堂，充分发挥劳模作用，我们从中可获得一些有益启示：一是弘扬劳模精神必须具体化，要把劳模精神变成看得到的东西，这样的劳模精神职工才可学、能学。二是必须为劳模发挥作用创造条件，劳模是社会的宝贵财富，也是企业的宝贵财富，怎么把这个财富用好，关键就要适应劳模的特点，推出适合劳模与职工互动、体现其作用的平台。三是必须积极推动平台的作用落地，比如把劳模先进工作经验以及劳模与职工互动讨论的共性问题通过公司制度机制的形式固定下来，这样才能确保平台的持久性、生命力。

61. 上海实业发展股份有限公司工会

职工大讲台实现职工自我培训

上海实业发展公司是上海实业集团旗下的一家主营房地产业务的企业。近年来，公司历经多次内部优化和人员调整，部门之间、人员之间需要不断磨合，企业文化也需要进一步培植。因此，工会和组织人事部门推出了职工大讲台，让公司内部的职工成为讲师授课，加强职工培训，提升职工素质。

一是发动职工主动参与。由集团工会与各部门和职工进行沟通，收集课程主题，由职工结合工作实际和业务所学申报课程，经部门领导认可后，由工会备案，并排定大致的授课时间，让职工提前准备，有计划地推进课程。在课程开课前，与职工订立团队公约，对课堂的纪律和要求提前进行宣传，保证课堂秩序。

二是精心进行教学安排。利用现代化的信息系统，工会搭建网络平台，用于公布课程安排和进行网上报名。按照预先制定的课表兼顾职工出差的实际情况，提前一个月排定当季的授课人员和时间，提前一至两周在公司网络平台公布当月的课程安排，同时要求授课人将课程提纲提前上传网络，以供学员提前预习做好准备工作，提高培训的效果。授课后将课程资料上传网络，学员可以任意下载，根据自己的时间方便进行复习巩固，也为其他未参加过培训的职工进行下一轮的选课提供参考。

三是严格规定学习要求。工会规定每位职工全年听课不少于7次，作为职工的学习成长维度，纳入个人的考核指标。公司工会统一制作了职工学习卡和印章，用于记录职工参与大讲台的学习情况。同时，工会还规定了职工参与大讲台授课次数，推出了一系列激励职工走上讲台的措施，每季度对职工大讲台的主题和课程情况进行总结，挖掘优秀课程和讲师，给每位授课的职工发放购书卡，鼓励职工持续不断地学习。

职工讲师正在讲授法律知识

自职工大讲台活动开展以来，活动已累计举办 105 期，超过 2 200 余人次参加培训，成为职工日常学习和企业文化必不可少的一部分，内部的学习氛围得到增强，职工业务能力和综合素质持续提高。同时，活动也促进了公司内部各职能部门间的沟通。由于很多课题都是结合业务展开，增进了彼此之间在工作和生活上的理解，促进了部门与部门间、职工与职工间、管理层与职工层之间的沟通。

编者点评：

提高职工素质，培训是最重要的手段。依托职工讲台进行自我培训，由于授课职工对听课职工培训需求更了解，培训内容也更有针对性。同时，职工与职工之间相互培训，还可以加强彼此之间的业务、情感等方面沟通，进一步增强团队合作意识。可以说，上海实业发展公司工会推出的职工讲台是提升职工素质的最实用的方式之一。当然，一项好的举措往往是开始容易坚持难，就职工讲台来说，如何能保持授课职工的课程常上常新，参与学习的职工越学越有兴趣，使职工讲台真正成为职工素质和企业效益都得到提升的长效载体，这还需要在今后实践中不断探索、逐步完善。

62. 中建八局西南分公司工会

企校联合培训助农民工成功转型

随着市场经济的发展和企业用工制度改革推进，中建八局西南分公司与众多劳务施工企业建立了合作关系，每年所使用的劳务农民工有近万人，这个群体已成为建筑行业的主要劳动大军。为培养一支高素质、高技能的劳务农民工队伍，西南分公司工会主动承担社会责任，与成都市总工会干部培训学校联合开展了农民工素质培训。

一是积极动员，广泛宣传。为了使培训活动取得实效，西南分公司工会成立了宣传动员小组，深入所有正在施工项目，向一线劳务工人宣讲培训活动的目的与意义，动员更多的劳务工人积极参与活动。

二是制定计划，合理组织。西南分公司工会以成都市开展“新市民”素质培训为契机，根据行业特点与企业自身实际情况，制定了培训计划，计划包括培训内容(安全知识、法律法规、业务技能以及市民素质)、培训方式(集中培训)等，并要求各项目工会根据项目建设要求，制定培训时间，成都市总工会干部培训学校根据制定的培训计划，安排相应的师资授教。

三是成立临时活动小组，创造自我教育条件。各项目工会联合会在各劳务分会选举产生了临时活动小组，在每期培训前，由小组成员协助通知和组织各劳务队伍的人员到项目“职工夜校”参加培训。同时，还为农民工发放了安全知识、法律法规、业务技能等方面的书籍，书籍内容浅显易懂，图文并茂，他们可以利用闲暇时间自行阅读。

四是制定激励措施，增强自觉培训意识。为了使农民工将被动学习变为主动学习，西南分公司工会出资购买了一些日常所需小物品，在每期培训结束后，发放给参加培训活动的农民工，以此吸引更多的农民工积极主动地参加培训活动。

新市民学校老师给农民工上课

通过以上措施，西南分公司开展的农民工素质培训活动取得了明显成效。一是涉及面广、受训人多，一年来参加培训的劳务农民工达到了公司整个劳务用工的50%以上。二是充分发挥了工会组织的桥梁纽带作用，通过培训增加了公司工会与劳务农民工交流沟通机会，扩大了对他们的凝聚力和影响力。三是提升了业务技能与素质，劳务农民工的安全防护意识与法律意识进一步增强，为推动项目优质高效建设、企业安全生产发挥了积极作用。四是促进了企业和谐发展，公司获得成都市和谐劳动关系企业称号。

编者点评：

中建八局西南分公司工会与成都市总工会干部培训学校联合举行“新市民素质培训”，由企业提出教育培训目标，由专业学校制定教学方案，委派有丰富经验的教师施教，着力提升农民工综合素质，为推动企业承担社会责任、创新开展职工素质工程提供了有益经验。

63. 中科院上海技术物理研究所工会

设立"创新种子基金"提升职工创新能力

创新能力是科研所不可或缺的核心能力。作为我国第一个红外技术与物理专业研究所，中科院上海技术物理研究所先后在"风云"系列气象卫星、"神舟"系列载人航天工程、"海洋"系列卫星、"嫦娥"探月工程等国家重大工程中承担任务，对职工科研创新能力的要求特别高。如何发挥全所职工尤其是青年职工创新的积极性、主动性、创造性，让创新的理念深入到每个人的意识中和行动上，中科院上海技术物理研究所工会设立了"创新种子基金"。

一是不设申报门槛。"创新种子基金"申报范围包括科技、管理、支撑、其他四个大类，几乎涵盖研究所全部的项目。只要是研究所的职工，无论在什么岗位，从技术、工艺、技能和方法等各个方面，如果觉得自己工作有可创新的地方都可以申报。

二是加强组织动员。为做好种子基金项目组织申报，工会先后召开多次部门工会主席会议，挑选出 10 个符合"种子"特征要求的项目，作为模版下发至各部门，以加强申报项目的针对性和有效性。在总结评估"种子基金"活动经验的基础上，进一步把创新基金的申请范围从研究所扩大到了下属的科研企业。

三是建立长效机制。进一步完善"种子基金"管理办法，优化工作流程，对于入选所级"种子基金"的项目，给予项目经费支持；对未能成功入选所级项目的，纳入部门的"种子基金"，同样可参与年度所"种子"基金的评优与表彰。

设立"创新种子基金"，极大地激发了青年职工的创新热情，在项目申报者中 85%以上为青年职工，不少职工积极申报的基金项目已经发挥

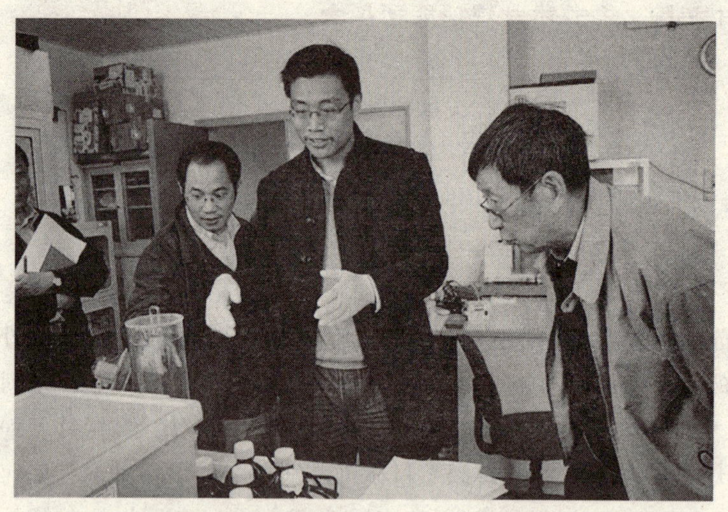

院士带队的项目检查组正在对创新种子基金项目进行指导和检查

“创新成果”效应，成功应用到了科研生产。比如，基金项目“一种新型杂光抑制工具——百叶窗”已经在“风二”07星上得到应用，受到了气象局领导的充分肯定；“电动可变光阑杜瓦设计”基金项目，因其创新性特点还得到了所创新专项经费的支持。

编者点评：

创新需要有效激励。中科院上海技术物理研究所工会抓住青年职工创新欲望较为强烈的特点，推出了“创新种子基金”活动，坚持服务科研大局与服务职工相结合，坚持立足基层一线与面向全所职工相结合，坚持工会组织发动与行政重视支持相结合，坚持项目运作与机制建设相结合，对职工创新创造活动予以实实在在的资金支持，进一步激发了职工创新热情。

64. 上海申通地铁集团工会

建设实训基地实现职工理论和实践能力提高

近年来，上海城市轨道交通步入了飞速发展阶段，轨道交通运营生产的现状迫切需要迅速形成一支既有丰富实践经验，又有扎实理论基础的高技能人才队伍来整体提高轨道交通各专业的技术和技能水平。为有效地将培训中所学的理论知识与岗位的专业技能训练相结合，申通地铁集团制定了“集全集团之力，加快轨道交通实训基地建设步伐”的战略决策。集团工会积极配合企业行政，通过实训基地加强轨道交通一线职工技能和实际操作能力培养，逐步实现了职工队伍数量、结构、质量和管理的全面优化。

一是完善培训制度。制定《上海申通地铁集团有限公司教育培训管理办法》，明确企业培训的职责和管理权限、培训计划、时间、种类及主要内容，包括经费管理、培训师资、培训教材、培训评估及考核等。同时，建立企业内部培训师制度、教师认证及评估制度，从申报、认证、考核与管理等，全方位建立了各专业的培训师资队伍，为规范和推进职工理论培训工作奠定基础。

二是建立实训基地。从企业长远的发展出发，在地铁龙阳路二号线和张江高架车站着手建设实训基地，推出“一条实训线、三个运行模拟平台、五个设备检修实训室”和张江“三站两区间”的总体规划，建立了一个层次分明、专业划分合理的城市轨道交通实训体系。

三是理论实践结合。采购了上海电气集团自主研发的城市轨道交通电客列车(952 号车)，作为实训专用车辆。同时，结合实训需要，编著了《城市轨道交通概论》等 15 本系列教材及《城轨驾驶员实训指导手册》等 12 个工种相关等级实训指导教材，既与企业理论培训相衔接，又和实训

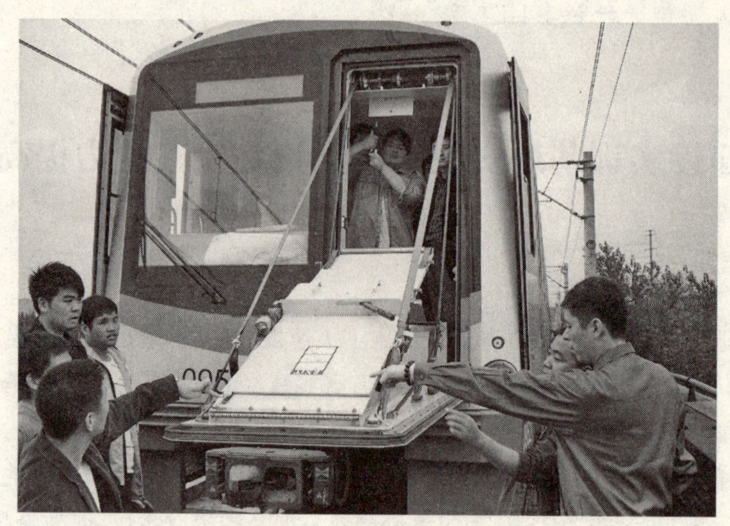

学员在 952 号车参加实训活动

要求紧密结合。

目前，上海地铁首列实训专用“教练”地铁——952 号车在轨道交通 2 号线原张江高科站启动，上海轨道交通实训基地正式建成启用，参与实训的轨道交通站务员、驾驶员等都表示，经过理论与实践双重培训后，自己新上岗后不再慌乱，同时对一些突发事件处置也有了直观的认识，提升了应对能力。

编者点评：

轨道交通担负着城市运行的重大责任，涉及到广大市民的生命安全问题。与其他行业的职工比较，轨道交通职工面对突发事件的实践处置能力、心理素质等方面的要求更高，迫切需要通过实战的方式来提高解决各种问题以及突发事件的能力。申通地铁集团工会积极协助企业行政加强实训基地建设，在建设、管理、使用实训基地的过程中，根据职工实际，不断创新培训的内容与形式，着力提高职工实践操作技能，有效推动了职工素质工程的深入开展。

65. 浦东新区金桥加工区工会联合会

个性化“高师带徒”制度培养高技能人才

金桥出口加工区是以电子信息、汽车制造、生物医药等为主导产业的现代制造业基地，汇聚着1 500家单位、15万职工。加工区工会联合会在调研中发现，按照劳动部门“关于本市开展‘高师带徒’培养高技能人才活动的通知”要求，“高师”必须“具有技师或高级技师职业资格或具有高级专业技术职称”，区域内很多新兴职业、工种尚未被列入国家职业资格序列，阻碍了“高师带徒”活动的开展，为解决这一问题，在新区总工会、新区技师协会等支持下，金桥出口加工区工会尝试帮助企业建立更具个性化的“高师带徒”制度。

一是突破限制，重新定义高师。根据出口加工区内企业的实际情况，打破“高师”的固有框框，明确职工只需具备“技术(技能)在全国行业中领先、有专利或使用专利有成效、有科技创新成果”等5项条件中的任何一条，即可成为“高师”，承担带教任务并享受相应待遇。

二是明确目标，加强人才选树。通过建立技术制造、科技研发、服务管理等多种类型的“高师带徒”基地，正式推出高师带徒项目，并明确目标在三年内培育百名高技能人才。根据市首席技师千人计划的要求，把近几年来职工科技创新活动中成绩显著的企业作为重点推荐对象，针对企业和职工的具体情况，努力为那些“已被企业聘为首席技师，但从事职业(工种)无国家职业资格标准”的高技能职工创造申报条件。

三是组织活动，建立服务平台。定期举办职工技能大比武活动和“高师带徒”金、银、铜奖的评比，为在活动中涌现出来的优秀职工人才服务，比如为他们申报专利、开展科技创新提供便利。同时，坚持每年组织区内企业职工申报浦东新区职工科技创新成果、合理化建议、先进操作法、科技创新英才等项目，对入围或获奖的项目及时给予奖励。

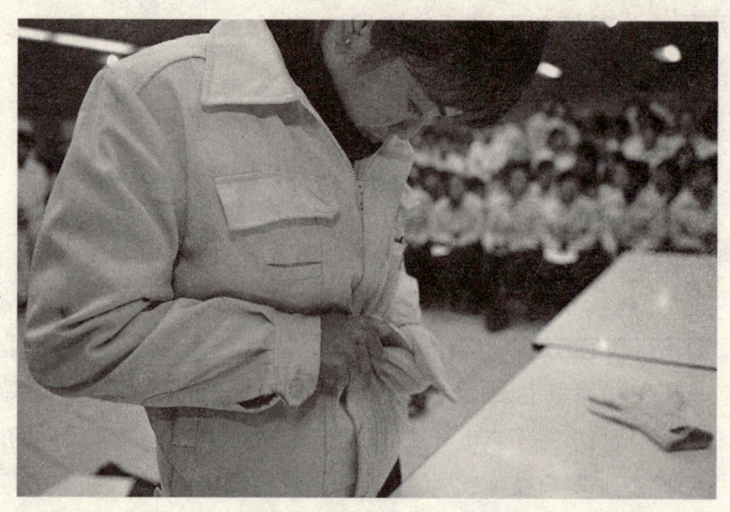

金桥加工区技能比武现场

这些举措使园区内职工科技创新能力不断提高，多名职工获得了“首席技师”称号，金桥工会所属企业申报浦东新区科技创新项目数比往年翻一倍，获奖项目不断递增。在2011年上海市科技节，金桥工会联合会组织参展的项目获得了3个二等奖与3个三等奖。上海奕代汽车技术有限公司被新区总工会授予“科技创新基地”称号。金桥工会联合会也凭着出色的组织、发动工作，连续摘得新区总工会颁发的“优秀组织奖”，被命名为“上海浦东新区高技能人才培训基地”。

编者点评：

对于制造业，在长期的生产实践中，充分利用好“高师带徒”这一成本低、见效快、易推广的培养模式，培养出满足各个岗位需求的“高徒”，是解决企业快速发展与人才短缺矛盾的有效途径。金桥加工区工会联合会，根据出口加工区内企业的实际情况，推行更具个性化的“高师带徒”制度，受到职工群众的欢迎，这一案例说明，在推进职工素质工程中，工会组织必须结合实际情况制定具体的措施和办法，不断在工作方式上方法上创新，才能切实增强职工素质工程建设的实效。

第五部分

服务帮扶职工

66. 浦东新区总工会

建立“六大机制”构筑困难职工保障网

伴随浦东产业结构调整步伐的加快，同时受国内外经济形势的影响，一些国有企业关闭、改制、重组力度加大，一些企业经营受到冲击，浦东新区困难企业和困难职工群体不断增加，再加上区域内外来务工者达70万人，人数多、分布广，新区总工会困难帮扶工作面临新的挑战。为了确保工会帮扶工作全覆盖、不遗漏，浦东新区总工会建立了帮困送温暖六大机制。

一是困难劳模帮困机制。在用好全国劳模“三金”和市困难劳模帮扶金的基础上，争取财政支持，每年给予150万元专项资金，用于困难劳模帮困。同时，发挥劳模协会的组织网络作用，建立社会化的捐赠帮扶机制。

二是国企困难职工帮困机制。在新区国资委和上海市慈善基金会浦东分会的支持下，冠名设立职工幸福安康基金，把国有企业慈善募捐的款项，主体返还给捐赠企业工会，专项用于困难职工的帮困。目前已有55家企业参与，捐赠募集资金总额达到2 610万元，帮扶国有企业困难职工83 066人次。

三是农民工关爱机制。实行农民工属地入会、属地维护、属地关爱，配合有关部门落实企业为农民工缴纳社会保险事宜，建立农民工免费健康体检和卫生常识的普及制度。积极推动在各街道、镇和开发区建立起50－100万元的农民工欠薪保障金，确保妥善解决农民工欠薪问题。

四是职工医疗互助保障机制。为解决医改以后职工医疗费自负部分偏高，特别是困难企业困难职工就医压力，新区总工会响应市总工会号召，积极推进职工医疗互助保障计划，每年投入100多万元，在保险险种上拾遗补缺，加大保障力度和覆盖面。

五是困难职工子女结对助学支持机制。建立了总工会机关干部和直属事业单位干部与困难职工子女结对助学的工作机制，每年筛选一批特困职工子女，安排干部职工助学结对，直至困难职工子女完成相应学业。

六是困难职工技能提升支持机制。每年拨出专项资金，以浦东新区公惠培训中心为主阵地，联手社会知名职介培训机构，对困难职工以及农民工提供培训支持，并明确规定，每年各街镇总工会培训农民工人次须占辖区内农民工总数的10%以上，且其中60%的人要获得国家职业资格证书。

浦东新区总工会组织农民工返乡专车

2011年，新区总工会共筹集各类慰问金3 364.68万元，走访慰问困难企业、工地3 623家，慰问困难职工、一线职工210 538人次；帮助1 093名农民工追讨欠薪1 243万元；帮助生病职工克服生活困难，全年理赔102 166人次，理赔金额7 950万元；帮扶服务职工工作取得了扎扎实实的效果。

编者点评：

社会保障体系完善是一个长期的过程，困难职工群体也将在一定时期内存在，这就要求工会在服务企业、推动经济大局发展的同时，切实担负起帮扶困难职工的重任。浦东新区总工会开展帮扶工作的实践，可以给我们以下启示：一方面，必须善于争取党政以及各种社会资源的支持，解决帮扶资金短缺等难题。另一方面，在帮扶方式要“输血”与“造血”相结合，把物质帮扶与技能培训、法律援助等帮扶手段有机组合起来，灵活运用。

67. 长宁区总工会

打造“五位一体”帮扶体系服务职工

据抽样调查，因下岗、协保致困、因患重大疾病致困、因子女学费负担过重致困构成了长宁困难职工群体的主要组成部分，而社会保障体系对这些群体的实际困难又暂时无法解决。为帮助以上职工群体解决困难问题，长宁区总工会决定以助困、助学、助医、助业、助老“五助”为抓手，建立多层次帮扶困难职工的“五位一体”社会化的救助体系，为困难职工建立起一个协调有序、措施联动、并行运作的可持续的“保护网”。

一是拓展帮扶工作内容。在困难职工建档后，重点强化五项帮扶举措。其一，设立“救急济难资金”用于帮扶救助。其二，将因子女就学影响基本生活的困难职工家庭，列为“百家企业帮百名贫困学生”活动对象，由助学企业出资，每年给予每名学生一次性学费补助。其三，与区卫生局联手，为患病困难职工、困难农民工发放职工医疗帮困卡。其四，为有劳动能力且有就业、再就业意愿的失业、协保、下岗职工及农民工免费提供就业服务。其五，开展针对困难退休职工的“夏送清凉，冬送温暖”帮扶救助活动。在“五位一体”的帮扶内容基础上，再聚焦重点，进一步深化医疗救助问题，与卫生和医保等部门沟通，将工会对农民工等建档困难职工的医疗帮困纳入区基本医疗保障体系，由工会全额出资用于困难职工医疗救助。

二是推动帮扶力量多元化。针对帮扶经费不足的问题，建立了“工会—行政—社会”三方筹款模式，形成稳定的多样化经费来源。针对工会自身力量薄弱的问题，实现与民政、人力资源和社会保障、司法等区内部门联动，并统筹社区、系统、集团、园区工会，形成互动的多元化帮扶力量。

三是充分发挥援助服务中心作用。加强 10 个街(镇)职工援助服务分中心建设，与社区事务受理服务中心之间达成“合力服务、优势互补、资

长宁区一企业主动与天山社区助学结对

源共享”。由区总工会保障部牵头，每年定期（两次）召开各社区事务受理服务中心主任及工会专职副主席参与的联席会议，共同探讨职工援助服务分中心发展存在的问题及落实解决方案，形成两个“中心”之间的良性协作与交流，共同推进职工援助服务两级网络“点面结合”，不断拓展工会援助范围、优化援助内容、提高援助服务质量。

长宁区总工会通过打造完善“五位一体”社会化的帮扶体系，不仅加强了与区政府相关职能部门的联系与沟通，同时该体系还补充了社会保险、社会福利和社会救助的不足，进一步拉近了工会与困难职工、困难企业的距离。

编者点评：

在当前形势下，创新工会帮扶工作需要处理好工会帮扶工作与政府社会保障、公共服务等的关系，针对政府服务未延伸到的或暂时不具备条件服务的方面积极开展帮扶，充分体现工会帮扶服务的特色与优势。长宁区总工会从打造和完善“五位一体”社会化的帮扶体系入手，通过统筹社会资源、调动社会力量开展帮扶服务，既把握了工会帮扶工作“拾遗补缺”的准确定位，又推动形成了工会帮扶工作的制度化、常态化，对进一步推进工会帮扶工作创新发展具有一定的借鉴作用。

68. 闸北区总工会

实行定向医疗帮扶关爱农民工

农民工已成为构建和谐新闸北的重要力量。然而，农民工大多从事一线“苦、脏、累、重”的工种，他们一旦生病，由于收入较低，而且缴纳的综合保险只有大病住院才能享受其中的医疗补助，如果是感冒等小病，必须自己出钱看门急诊，所以一些农民工“小病忍着、大病回家”，或者到私人诊所甚至地下诊所看病，形成了“小病不投医，大病乱投医”的现状。在这种情况下，闸北区总工会推出了农民工定向医疗帮扶项目。

一是加强协作，探索优惠就医。与区卫生局多次沟通，在指定定点医疗机构推出农民工“两免三优惠”项目，即农民工只要持医疗卡和身份证到定点机构就诊，就可享受挂号费、诊疗费全免和常规三项检查优惠20%的待遇。同时，针对农民工较为集中的建筑工地等，设立巡诊点，由社区卫生服务中心派出全科医生定期到农民工道班房和建筑工地等巡诊点提供健康教育和咨询以及常规疾病诊治。

二是量力而行，开展分批服务。由于闸北农民工较多，而医疗资源和帮扶资金有限，只能采取“分批服务、逐步推进”的方式，第一批为市容环卫行业和建筑工地的农民工，第二批起覆盖至市容环卫行业全部农民工，之后逐步向所有农民工延伸。

三是加强管理，推动服务规范。配合医疗机构，精心设计农民工医疗卡，切实加强医疗卡的规范使用和管理，区总工会与相关工会还通过医疗卡，共同出资对被覆盖的农民工赠送相应助医金，使医疗卡成为凝聚农民工的爱心名片。

通过实施定向医疗项目，闸北工会的帮扶工作切实受到了广大农民工的欢迎，不少农民工对工会表达了感谢，他们说：“感谢工会对我们农民工的关爱，就医问题对我们农民工来说一直是一个问题，今后我们农民工

市容环卫农民工领到定向医疗就医卡

就可以去正规医院就医了，这也让我们真正感受到工会是在为我们做实事。"目前，定向医疗项目已经惠及农民工近 4 000 人次。

编者点评：

闸北区总工会实施农民工定向医疗赢得充分认可，给我们以下启示：一要增强帮扶工作的针对性。与城镇职工不同，对农民工的帮扶服务，必须充分考虑他们的具体情况。比如，农民工要在城市安心工作和生活，就需要穿好就业、社保、住房、教育、医疗"五件衣服"。开展农民工帮扶服务，就必须根据自身实际，从穿好"五件衣服"着手，这样才能积极回应农民工的诉求，帮扶工作才能取得实效。二要推进帮扶工作社会化。农民工数量众多，而工会帮扶服务资源有限，而涉及农民工"五件衣服"的帮扶服务，无一不需要相关部门的政策、资金等方面的支持，因此，要积极争取，努力把帮扶服务的各项工作纳入到党委领导、政府重视、各方支持、工会运作的社会化维权工作格局中去。三要实现帮扶工作项目化。实践证明，把帮扶工作作为实事项目来运作，更能引起党政重视，更能集中多方的人力物力财力，也更能赢得广大职工的认可。

69. 杨浦区总工会

推出"网上谈心室"促进职工心理健康

两年前，杨浦一个科技企业的青年职工因平常琐事对其同事心怀不满，趁同事工作午休时，将汽油泼在同事身上点燃，最终造成同事死亡，而该青年职工也被判刑入狱。此事件不仅对企业内所有职工造成严重心理阴影，也引发了杨浦区总工会进一步加强职工精神帮扶工作的思考。特别是近几年，随着杨浦加快建设国家创新型试点城区步伐，大量科技类、金融类企业不断向杨浦聚集，杨浦的新生代职工数量急剧增多，如何关注这些职工的心理问题，就成为区总工会的重要课题。据区总工会调研，新生代职工一方面希望得到精神关怀，但同时又不愿意让别人知道自己的心理隐私，一旦遇到心理问题，喜欢通过打电话向心理专家求助，或者通过网络向陌生人救助。针对这种情况，杨浦区总工会在官方网站上开辟"从心启航——职工网上谈心室"栏目，通过免费咨询帮助职工解决各类心理问题，传递工会组织对职工的人文关怀，开拓了精神帮扶工作新领域。

一是开发"谈心"软件，组建专家队伍。依托区总工会网站，从便于谈心沟通的实用角度出发，携手复旦大学信息研究中心，历时3个多月，研究开发建立"从心启航——职工网上谈心室"，设有在线咨询、心理导航、专家信箱、热点调查、观点交流、视听小屋等六个互动栏目。充分整合区域内高校、医院等专家资源，由复旦大学、南京政治学院上海分院等专家组成心理咨询志愿团队，轮流作为"网上谈心室"坐堂嘉宾。

二是坚持定期咨询，线上线下互动。每周六下午为心理专家坐堂时间，在工会职工援助服务中心现场接受职工的网上求助，职工也可以通过工会心理咨询电话与专家现场连线。在专家非坐堂时间，凡是职工向专家信箱求助的留言，专家要及时答复。

三是明确操守纪律，耐心解疑释惑。区总工会明确，咨询过程要充分尊重职工意愿，严格保护求助者隐私，通过倾听、沟通、评估、解决、信任、回访等咨询流程认真为职工服务。对于一般性的心理问题，要通过网络或热线咨询交流当场予以解决；对比较复杂、难以当场平复的心理问题，可以建议职工现场与专家进行进一步交流，或者另外安排时间为职工咨询。同时，区总工会还配备心理咨询法律援助志愿者，协助做好由劳动争议引发的心理问题咨询工作。

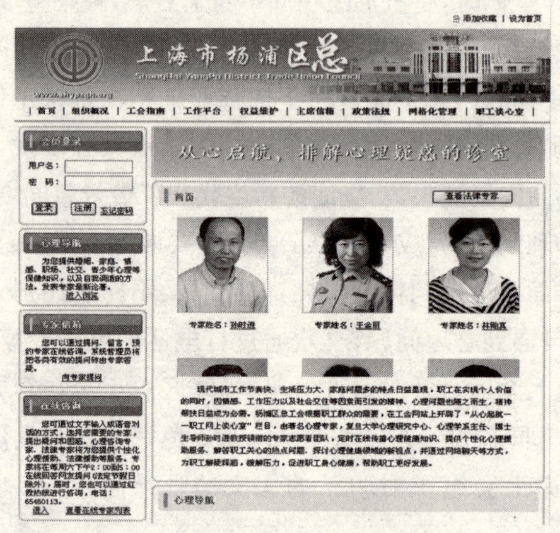

职工“网上谈心室”首页部分截图

“网上谈心室”建立以来，《工人日报》、《劳动报》等媒体先后报道了“网上谈心室”的成效，除杨浦的职工外，其他区的职工也纷纷上网与专家沟通，一些企业还多次邀请专家团队现场为职工进行心理疏导，取得较好效果。截至2011年底，杨浦工会网站职工谈心室已有4万余人次参与网上交流和咨询。

编者点评：

新生代职工追求精神生活、体面劳动和发展机会的愿望较为强烈，但他们对工作、家庭等方面压力的承受力却较上一代职工明显下降，一旦遇到挫折或者其他方面的困难，少数职工会采取过激的方式解决问题、表达诉求。同时，大多新生代职工热衷网上生活，发生心理问题更期望从网上找到解决方案。杨浦区总工会适应年轻职工生活规律，将互联网技术引入工会帮扶领域，以职工“网上谈心室”为平台，不仅帮助职工心理减负，还积极帮助职工解答劳动法律法规问题，有效拉近了与年轻职工的距离，是拓展工会帮扶工作领域的有效举措，也是不断畅通职工诉求渠道、创新职工思想政治工作的有效方式。

70. 黄浦区总工会

推动文化宫公益化有序发展服务职工

黄浦区工人文化宫占地面积 7 449 平方米，目前建筑面积 9 000 多平方米，坐落在南浦大桥旁，步行 5 分钟就到地铁四号线出口，地理位置很好。受市场经济影响，同时为维持文化宫职工生存，文化宫所有场所曾大部分出租。随着中央、市委更加重视文化建设，工人文化宫是继续出租追求利益最大化，还是走文化发展方向坚持"学校与乐园"的办宫宗旨，成为推进职工文化发展新课题。经多次调研，黄浦区总工会发现，职工对文化需求的越来越多，对文化宫也有新的期许。因此，黄浦区总工会进一步明确了文化宫发展方向，经济效益需要抓，但不能因为抓经济效益而放弃工人文化宫姓"工"姓"文"的职责，要合理分配"商"与"文"的比例，要把阵地还给职工。

一是加大投入，合理布局。区总投入 900 多万元，扩建翻新大楼，并与文化宫明确：以 30%的物业招租利润来维持文化宫的开销以及开展群众文化活动，但是租赁的经营单位不得入文化宫院内，以大门两旁破墙开店为主，以有一定品质一定规模的商业单位为主。在文化宫院内，主要是公益性图书馆、区职工援助服务中心、区劳模活动中心、职工技能培训中心、职工文化艺术培训中心和区工会干部培训中心等与职工文化相关的内容。

二是拨出专款，服务职工。为了激励文化宫重视社会效益，区总还加大对文化宫的财力支持，比如印制活动卡分发给区内的机关企事业单位职工，文化宫届时按照职工活动的人数场次与总工会结算；比如为区内职工免费办理图书卡，恢复"好书由你点"特色服务，为特殊群体读者提供送书上门和导读服务。

三是适应需求，开展培训。以文化宫为依托，先后开出了受职工欢迎的钢琴、书法、外语、合唱、摄影、美术等课程。由社区、企业工会在职工中进行学员筛选，对愿意学、坚持学以上课程的职工加以推荐，由文化宫培

文化宫职工外语培训上课情景

训中心免费给予服务。

经过功能定位的调整，职工对文化宫在的地位与作用进一步肯定。比如，文化宫开始主动承担公益宣传活动，为庆祝建党九十周年，由文化宫书评组成员组成红色故事巡回宣讲团，歌颂党的光荣历史，受到基层单位的欢迎。

编者点评：

在大力发展社会主义先进文化的大背景下，工人文化宫应该如何定位、如何发展，黄浦区工人文化宫的实践可以给我们一定的启示。一方面，工人文化宫的办宫宗旨是要办成工人的学校与乐园，本身定位属于公益性文化单位，不能因为市场经济的影响，就让其脱离职工、背离最初定位。另一方面，要不断创新推进文化宫建设的举措，既要适应职工的精神文化需求，又要主动与上海文化大发展大繁荣的要求相衔接，充分体现工人文化宫出文化精品、出职工人才的重要作用，进一步提升工人文化宫在全市文化建设中的地位和作用，使工人文化宫真正成为职工“学校与乐园”。

71. 虹口区总工会

整合区域文化资源满足职工文化需求

近年来，随着大量“两新”组织兴起，众多的民营、中小型企业没有能力建设自己的文化设施，一些效益差的企业对职工文化活动也缺少投入。如何整合区域内的文化资源优势，满足区域职工日益增长的精神文化需求，成为虹口区总工会面临的新课题。虹口区总工会在加强职工文化活动软硬件建设过程中，有效整合辖区企业、园区、楼宇、行业文化资源，探索“1＋8＋x”模式，使区域职工文化活动有舞台、有阵地、有队伍、有机制，努力打造虹口职工文化品牌。

一是确立文化主阵地。成立职工文化团队活动中心，开辟1 200平方米的楼面建设学习培训室、创作交流室、文体活动室、文艺排练室、三角展示厅、小剧场等“4室1厅1场”，为虹口区的职工文体爱好者、职工文化团队、文体积极分子提供学习、展示的平台。

二是丰富文体活动载体。在区文化团队活动中心推出“周周演”、“月月赛”、“双月展”等活动，每周由各类团队参与演出京剧、评弹、戏剧等，每年安排歌手赛、器乐演奏等赛事，并举办集邮展、美术等在内的文化活动形式吸引职工的积极参与。

三是整合社区职工文化阵地资源。成立“区域性工建联谊会”，以文化为媒介，以活动为载体，集聚央企、市属企事业单位工会，做到资源共享、活动联办、共赢发展。同时，争取社会力量支持，邀请有文体特长、关心工会工作的知名企业家参与或担任协会副会长，拓展职工文体活动领域。

虹口区总工会通过整合资源，广泛吸纳区域内外、街道社区、各类企事业单位的文体资源，职工群众性文化载体越来越多，先后成立集邮、评

区绿化市容职工组成的“新上海人艺术团”演出

弹、风筝、灯谜等 6 个区级职工文体协会，以及合唱、舞蹈、话剧、戏曲和管乐等 5 个职工文化团队，为虹口区各类企事业单位职工提供了更多更好的共建共享职工文化交流平台。

编者点评：

随着市场经济快速发展，职工的精神文化需求日益增长，职工对文化阵地资源的需求也越来越强烈。虹口区总工会从区域实际出发，把加强职工文化建设作为保障精神文化权益的重要内容，将职工文化建设放入公共文化发展中考虑，加强职工文体资源整合，推动区域性文化资源共享，实现职工文化与社区文化联动，不断延伸工会职工文化建设的空间，对发挥职工文体资源综合效应、不断满足各类企业的文化需求，有着积极的作用。

建立专项基金增强工会帮扶实力

近年来，青浦区总工会不断增加财力物力投入，职工帮扶工作已从最初的生活救助向就业帮扶、法律援助、医疗救助、教育救助等领域扩展，在帮扶困难职工、保障职工生产生活等方面发挥了积极作用。然而，受物价上涨、破产失业、因病致贫等因素影响，部分职工生活仍然较为困难，需要进一步加大帮扶工作力度。为此，青浦区总工会探索建立了区、镇（街道）、企业三级“工惠”职工帮困专项基金的工作模式，依靠全区企业和职工的力量，充分发扬博施济众、互助互济的优良传统，构建起了“以人为本、关注民生、惠及职工”帮困工作长效机制。

一是加强宣传，营造氛围。通过召开基层工会主席会议，主动走访基层和企业等形式，大力宣传建立青浦“工惠”职工帮困基金的现实意义，推动广大企业和职工树立“我为人人、人人为我”的互助互济理念，动员广大职工积极响应、广泛参与，使这项工作延伸到基层和企业职工，增强工会帮扶工作的物质基础和群众基础，营造“一人有难众人帮”的良好氛围。

二是组织发动，筹集资金。本着职工捐一点，工会、行政投入一点的原则，引导和动员广大职工开展“一日捐”活动；密切联系街镇和相关部门党政领导，共同募集善款；重点走访一些工会工作有成效、经济效益好的企业领导，争取企业投入资金建立本企业的职工帮困专项基金。各街镇总工会和教育、卫生系统以及有关直属公司工会积极响应、全面启动。目前，已有 304 家企事业单位参加了筹集善款活动，共筹集资金 839.6 万余元。

三是建立组织，完善网络。建立区总工会、各街镇和企业三级“工惠”职工帮困专项基金。区总的基金帮扶对象为全区范围内的困难职工和农民工。博大企业、熊猫机械、沪工电焊机、亚士漆四家公司每年捐助 100 万元，为区总帮困工作长效机制的建立提供了有力保障。镇街和企业的帮困基金，按照“谁募捐，谁使用”原则，主要用于本地区、本企业困难职工帮困工作。目前，11 个街镇全部建立了帮困基金，125 家非公企业建立了职工帮困基金。

四是加强管理，规范操作。区总工会成立了青浦“工惠”职工帮困专项基金管理委员会，由区总保障部负责日常工作。制定《青浦“工惠”专项基金管理使用暂行办法》和《关于企业职工帮困基金筹集管理使用的暂行办法》，明确了专项基金的筹集、管理、标准、使用对象及运作程序。各街镇和企业也都建立了由工会和行政有关人员组成的管理机构，制定实施办法，确保了规范运作。

青浦区职工帮困工作优秀企业合影

青浦区总工会三级“工惠”职工帮困专项基金的建立，为送温暖活动的开展打下了一定的物质基础，在帮助职工解决生活困难方面发挥了积极的作用，使广大职工真切感受到了企业的关心、社会的温暖，凝聚和调动了职工的工作积极性，对促进企业健康发展和社会和谐稳定具有积极意义。

编者点评：

帮扶工作是工会组织做好职工群众工作的一个重要载体和抓手，在新形势下如何进一步深化发展值得研究。青浦区总工会三级帮困机制的建设，在一定程度上回答了新时期工会帮扶工作如何发挥优势、如何更好作为的问题。工会组织利用自身的组织优势，以职工互助共济为主要手段，通过建立帮扶网络，实现应急性、保障性和根本性等多层次的帮扶，体现了工会帮扶工作的群众性、独立性和主动性。同时，随着改革不断深入，社会矛盾凸显，部分职工收入偏低、待遇较差的现状可能在一定时期内仍然存在；加上因病、因学、因灾等致贫因素的叠加，困难职工希望得到救助的愿望更加强烈。工会组织以仁爱之心关怀困难职工，以援助之手救助困难职工，在完善社会保障体系中有效发挥了帮扶工作的拾遗补缺功能。

73. 宝山区总工会

“十送”实事工程实打实为职工服务

近年来，随着经济利益格局调整，职工队伍结构变化，宝山区就业困难人群数量有所上升，职工技能与岗位需求匹配度不高，职工学法律、学文化的需求日益增加，这对工会做好各项服务保障工作提出了新的要求。宝山区总工会从职工切身利益出发，积极探索实践工会“大服务”工作格局，提出了送服务、送岗位、送法律、送培训、送温暖、送清凉、送健康、送文化、送保障、送连心服务卡的“十送”实事工作。

一是列为年度重点。首先，在制定工作预算时，重点保证“十送”实事工程。在开展过程中，根据工作需要再增加经费的投入，并将帮扶服务的经费使用、加大投入列为工会年度考核的具体内容。

二是实行实事公示。加强区总工会与街镇工会工作有机衔接，以两级职工援助服务中心为窗口，将工会的帮困送温暖、就业扶助、法律援助、医疗救助、保障互助、劳动保护等工作整合起来，以实事项目形式向职工公示。

三是确保工作实效。区总工会将“十送”工作分解成条目，以区总文件的形式下发到直属工会，明确责任、制定目标，同时，建立奖励激励制度，年终进行“十送”工作予以专项考评表彰，形成全会上下做好事、办实事、解难事的良好氛围。

2011年，宝山区总工会举办职介专场共吸引256家企业参与，提供岗位6 000多个，达成意向录用1 717人；走访困难职工家庭1 875户，发放帮困金331万余元；职工互助保障计划12.24万人次，参保金额1 245万元，给付22 652人，给付金额1 893.48万元；为1 130名女职工免费开展妇科体检；举办《上海市职代会条例》、安全生产知识、职业女性工作生

宝山区总工会组织举办大型职介会

活知识等培训班 11 个，培训 3 021 人次。一系列工作得到了区委、区域内职工群众的广泛认可。

编者点评：

随着改革的不断深化和利益结构的深刻调整，职工群众的需求越来越多样化，工会帮扶服务工作已经涵盖到职工需求的方方面面。在这样的形势下，帮扶工作既要全面考虑职工各项需求，又必须在工作方式上贴近职工、方便职工，这样才能把好事办好、实事办实。宝山区总工会在推进帮扶工作中，把这项工作作为一个整体系统考虑、统一部署，并将工作分解为项目化的实事工程，收到很好实效，值得借鉴。

74. 上海汽车集团股份有限公司工会

“先锋号帮扶中心”完善职工保障体系

近年来，尽管上汽集团快速发展，经济效益不断攀升，但困难职工群体仍然存在。为进一步加大对困难职工群体的帮扶力度，使职工能够共享企业的发展成果，上汽集团工会将保障帮扶工作作为“先锋号在行动”的重要内容，进一步推动了帮扶制度规范化、实效化。

一是明确帮扶职责。在调查研究基础上，上汽集团工会充分依托集团、企业、班组平台，形成三方合力，着力构建“三级帮扶网络”，在集团层面成立“先锋号帮扶中心”，负责集团层面帮扶工作的组织协调、统筹管理和业务指导等工作；集团所属在沪二级独立法人企业建立“先锋号帮扶分中心”，负责具体帮扶工作的落实和帮扶资金的发放；班组则负责做好困难职工的排摸工作。上汽集团工会通过组织达标考核，进行命名授牌。在日常工作中，“上汽先锋号帮扶中心”、各企业“帮扶分中心”各班组则切实做到“三级网络联动，第一时间帮扶”。

二是加强经费管理。制定、下发《上汽先锋号帮扶中心实施意见(试行)》(下称《意见》)，明确各“帮扶分中心”初建时应从历年工会经费结余中一次性提取10%作为帮扶资金，之后每年从工会留用经费中提取不低于5%的帮扶资金，并且做到在册职工人数人均帮扶资金不低于本市“低保”标准。同时，对工会经费历年结余较少、行政资助有较大困难的分中心，“上汽先锋号帮扶中心”将给予帮扶资金支持。

三是实行分类帮扶。各级帮扶中心充分依托上汽工会信息管理系统“保障工作”网络平台，全面摸排困难职工的生活状况和利益诉求，对困难职工档案及时进行维护和动态管理。坚持“因人施助，分类帮扶”的原则，在开展好行业内“低保”职工家庭“三定”帮扶工作和节日期间送温暖活动

先锋号帮扶工作交流会

的基础上，通过实施助学、助医、互助保障等多形式、常态化的帮扶举措，推动建立了重点群体帮扶制、"每月一电、每季一访"制以及帮扶值班制等工作机制。

通过走访慰问、送上帮扶款物等形式，上汽集团工会各级帮扶中心帮助职工解决了许多"三最"问题，赢得了职工的认可。目前，各级帮扶中心慰问帮扶困难职工 3.8 万人次，帮扶金额总计达 2 165.74 万元。

编者点评：

"工人先锋号"是一张闪亮的工会"名片"。上汽集团工会将工会工作与"工人先锋号"有机结合，推出"先锋号在行动"举措本身就是创新思路的结果。在"先锋号在行动"活动中，集团工会又重点推进"先锋号帮扶中心"建设，在集团层面建立"先锋号帮扶中心"的同时，要求所有在沪二级企业工会均建立帮扶分中心，并让班组也承担起帮扶职责，使帮扶工作深入基层与职工"零距离"，建立起服务凝聚职工的有形载体，对扩大工会影响、提升帮扶工作水平、长效化开展工作有着推进作用。

75. 中国海运(集团)总公司工会

“海上健康工程”提升船员身体素质

中海集团海上运输船的船员们一年中大部分时间都工作、生活在海上，劳动强度高，工作节奏快，风险系数大。因活动空间狭小等条件限制，船员们不能像陆地职工一样参与文体活动，业余生活十分单调，平时体育锻炼的机会更少，不少船员的身体素质呈下降趋势。为了帮助广大船员在繁忙的海上工作中缓解疲劳、释放压力、放松心情，提高职工的生活质量，使之以饱满的热情投入到工作中去，中海集团工会开始实施海上健康工程。

一方面，加大硬件投入，建设海上健身房。积极争取行政支持，在大型远航船上建起186座健身房，设计了一系列体育健身项目，配备了跑步机、双杠、弹簧握力、乒乓桌、康乐球等健身器材，并配置了医药与健康等书籍。

另一方面，发挥工会作用，组织开展“灵活”运动。利用有限的空间和条件创新活动形式，利用甲板、机舱、码头开展活动。如组织海上放救生艇进行操艇训练，把海上救生与游泳相结合，组织从机舱到驾驶室进行爬扶梯训练以及开展登主桅杆训练，还有在甲板上进行拔河、撇缆绳、工间操比赛。

“海上健康工程”增加了海上船员的锻炼时间，丰富了体育活动的内容，激发了船员的参与热情，有效增强了船员的身体素质，部分以前患高血压等“三高”疾病的船员通过锻炼，症状显著改善。同时，“海上健康工程”也收获了一系列荣誉。中海集团海上船员参加由上海市总工会、市体育局主办的职工游泳比赛，获得1枚金牌、1枚银牌等诸多奖项。在全国

工会组织船员进行拔河活动

第三个“全民健身日”市体育局举办的“万队参与、百队决赛”第八套广播体操展示和比赛活动中，中海集团作为“企业职工组”荣获了三等奖。

编者点评：

中海集团工会从丰富船员业余生活、增强船员身体素质出发，以“海上健康工程”为抓手，没有条件主动创造条件，开展职工体育活动，值得在更大范围内推广。特别一些单位受自身活动场地狭小、外借场地不便等客观因素影响，对职工体育工作有所忽视；而职工由于工作普遍繁忙，也较难抽出业余时间来参加体育锻炼。针对这一状况，工会更应积极争取行政支持，从实际出发，创造机会和条件，努力搭建职工体育健身的平台，比如就可参照“海上健康工程”的思路，在单位休息区配备健身器材、在楼宇坚持倡导工间操锻炼等等，将体育健身活动化整为零，融入职工日常工作和生活，切实增强职工身体素质。

76. 杨浦区定海地区总工会

以工会会员卡为载体服务职工群众

随着“两个普遍”工作的不断推进，杨浦区定海地区总工会在组织建设上取得了一定的成效，街道范围内已建企业工会 683 家，覆盖职工 11 900余名，但是实际工作中仍存在工会影响力偏弱、在职工中的知晓度不高，非公企业对建立工会心存疑虑等问题。为了加强工会在地区的影响力，强化职工的工会会员意识，向更多的职工、企业宣传工会，同时为职工办一些实实在在的好事，让职工“苦有地方诉、难有地方帮、学有地方教、劲有地方使、乐有地方享”，定海地区工会设计制作了一张附带实际服务项目的工会会员卡，并向 1 万多名工会会员发放这张会员卡。会员卡在原来的工会会员证基础上多了许多功能，会员持卡可以去 12 家单位享受 16 项服务。为了把这一创新性的举措做实做好，切实扩大工会的影响力、吸引力和凝聚力，地区总工会在会员卡的设计、功能、宣传推广和实效发挥等方面做了许多工作。

一是调查走访，达成共识。为了让工会会员卡承载更多服务功能，突出工会服务职能，以实实在在的项目惠及广大职工，地区总工会经过深入调研，了解到职工的切身需求，决定整合社区现有资源，从职工工作生活的各个方面增加会员卡的服务内容。为此，工会干部走访了社区内的超市、美容美发店、旅馆、饭店、旅游公司、社区卫生服务中心、社区文化中心等单位，介绍、征询会员卡项目方案，得到各家单位的欢迎和支持。被访单位对会员卡的服务项目、操作使用、优惠计价等方面提出了很多意见和建议，为推进工会会员卡项目提供了许多便利条件。

二是签订协议，保证质量。为使工会会员卡名副其实，定海工会在前期考察的与职工生活密切相关的几十家单位中，认真筛选出 12 家作为指定服务单位，并与其签订服务协议，确保服务质量和会员卡的含金量。协议主要内容包括为持卡会员提供的服务项目(产品)、价格的折扣率、积分的累计、服务的要求和信息的反馈等各项条款。

三是举行仪式，加强宣传。为宣传和推广工会会员卡，地区总工会举行了发放启用仪式，作出了《关于命名建立定海工会“职工之家”基地的决定》、《关于12家单位为会员卡指定服务单位的决定》，并对“职工之家”和指定服务单位授牌；发出了《关于启用和发放工会会员卡的通知》。仪式上还向50名会员代表发放了会员卡，指定服务单位和职工代表作了发言。仪式后，街道工会干部上门到每家企业发放工会会员卡，受到了普遍欢迎。许多企业和职工通过这张会员卡加深了对工会组织的认识。

四是凭卡服务，发挥实效。经过一段时间的发放使用，这张含金量很高的会员卡受到了职工普遍欢迎。职工凭卡能在定海职工援助服务中心、社区文化中心、街道图书馆、市民体质监测站等接受免费服务；在社区卫生服务中心获得体检优惠，困难职工看病可向工会申请挂号费减免；在社区理发店、餐厅、超市可享受消费打折、积分累计等优惠服务；农民工还能参加免费职业技能培训。在定海街道举办的电焊工技能培训班上，80名职工持会员卡前来参加，其中60多人考核合格，获得了上岗证。

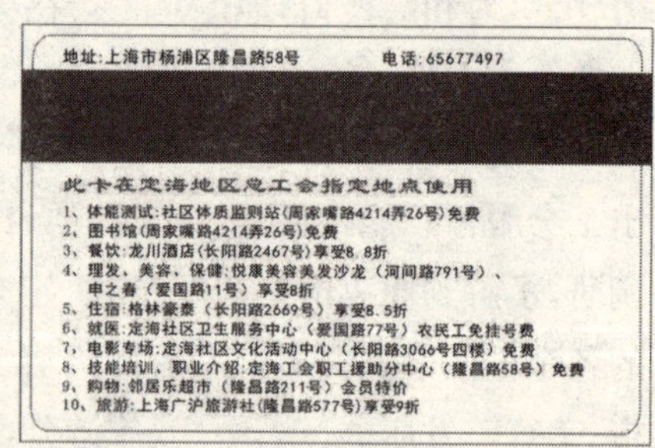

工会会员卡样卡

杨浦区定海地区总工会以工会会员卡为载体，在为职工办实事的同时，大力提升工会影响力，带动工会组建、集体合同签订、职工维权、经费收缴等工作的顺利开展。近期，定海地区又有217家小微企业(包括个体工商户和只有几个人的小企业），加入了社区联合工会。有鉴于小卡片发挥的大作用，工会会员卡这一模式有望在杨浦全区推广。

编者点评：

工会组织提高服务职工群众的意识、能力和水平，更好地发挥服务职工群众的功能，关键是要紧贴职工需求，为职工办实事办好事，推动解决职工群众最关心、最直接、最现实的问题。定海工会从与职工日常工作生活息息相关的实事项目出发，以工会会员卡的形式整合工会组织内外各项资源，给予职工和企业实实在在的服务和优惠，带动工会的知晓率和认知度迅速提高，工会其他各项重点工作也都随着工会影响力的不断提升而顺利开展。这一项目的实施和推广，对我们不断探索工会服务职工群众、参与社会管理的新载体，开辟宣传工会形象的新方式，拓展工会开展工作的新途径以及整合工会组织内部资源，加强依托社会资源的能力等，都具有较强的借鉴意义。

77. 杨浦区殷行地区总工会

建立援助服务分中心扩大工会影响

殷行地区是杨浦最大的居民住宅区。区域内不论是动迁居民、市属纺织等行业的职工，还是不断增长的农民工群体，不少收入偏低，生活相对困难，这导致殷行街道成为了一个困难对象相对特殊、困难职工相对集中的地区。原有的法律援助服务站、劳动争议调解站、职工互助保障服务站，由于地点分散、力量薄弱、职能单一等原因，已不能满足职工不断增长的帮扶需求。对此，殷行地区总工会将原来分散办公的工会网格工作站、职工保障服务点进行有效整合，建立了场地独立、设施完善、功能齐全、方便职工的一体化、一门式的地区职工援助分中心，搭建起工会联系服务职工的有效平台，进一步叫响了"有困难找工会"的口号。

一是争取党政支持。在地区总工会的积极争取和杨浦区总工会的多次沟通下，街道党工委、办事处最终决定在殷行地区的中心地段建立独立的职工援助服务分中心，在支付办公场所租金的同时，还专门拨出 30 多万元用于援助服务分中心的硬件建设。

二是完善组织架构。成立殷行社区职工援助服务分中心规范化建设领导小组，建立日常工作班子，并下设综合管理和职工互助保障两个工作小组，配备了 6 名工会工作指导员和 2 名工会志愿者作为日常工作人员。在规模企业以及 9 个新村片党委还建立了援助服务站，形成区总职工援助服务中心、地区工会职工援助服务分中心、社区(企业)职工援助服务站的帮扶网络。

三是进行整体规划。按照市总达标创优的规范要求，设置六个基本服务项目，又结合社区实际和职工需求，增加了心理疏导、职工电子书屋、农民工会员之家、市总培训中心殷行分部、与市化学工会等合作的帮扶工作站等五大自选服务项目。同时，不断强化援助服务分中心的便民化服务，开通服务热线电话，在服务大厅还专门设有座椅、书报架、公开办事栏、服务指南等，将 11 项服务内容印成小卡片，方便职工阅读。

四是加强规范管理。借鉴区职工援助服务中心和社区事务受理中心的管理经验，对参与窗口接待的工作人员统一着装、统一培训、统一考核，实行挂牌上岗，确保窗口接待规范、到位。倡导“爱心、真心、耐心、同情心”的“四心”服务法，切实为职工提供心贴心的服务；推出爱心服务卡，对有特殊困难的孤寡老人、大病患者进行上门服务。加强与街道相关行政科室合作，每周邀请劳动监察员等人员参与窗口接待服务，提供专业服务。同时，还建立了首问责任制、限时办结制等制度，对职工不满意、投诉意见多的工作人员进行责任追究。

职工援助服务分中心工作人员接待职工

殷行职工援助服务分中心的工作取得了良好的社会效果。一是惠及了更多职工，特别是与社区事务受理中心形成资源互动、优势互补，帮扶功能不断拓展，帮扶内容不断增加，满足了更多情况各异的职工群众的帮扶需求。二是扩大了工会影响，一些职工反映，“现在到社区办事，一眼就能看到工会，方便多了”。三是促进了劳动关系和谐，由于援助服务分中心畅通了职工的诉求渠道，工会干部能及时了解和介入解决基层劳资纠纷。分中心建立以来，殷行地区基本未发生因劳动关系矛盾引发的重复上访和集访事件。

编者点评：

杨浦区殷行地区总工会针对辖区内职工特别是困难职工集中的特点，建立了场地独立、设施完善、功能齐全的职工援助服务分中心，一方面整合了工会内部资源，形成工作合力，使职工群众能方便、快捷、全面地获得服务和帮助，充分体现了“一站式”服务理念；另一方面加强与辖区内有关部门协同，与社区事务受理中心形成资源互动、优势互补的局面，体现了“组团式”服务的要求，为辖区的社区建设和管理作出贡献，值得在今后实践中进一步总结、完善和提高。

78. 静安区石门二路街道总工会

“爱心妈咪小屋”给予女职工特殊关爱

静安区女职工占职工总数的40%左右，她们中的相当一部分正处于生育、哺乳期。尽管《女职工保健工作规定》明确指出，有哺乳婴儿5名以上的单位，应逐步建立哺乳室。但因商务楼宇中的单位大多规模小，职工少，这一规定很难得到落实。随着母乳喂养的深入人心，出现了“背奶族”(妈妈在奶胀时将奶水挤出，下班后再把母乳背回家喂宝宝)，而绝大多数工作单位没有方便的泵奶场所，“背奶族”妈妈们只能躲在厕所挤奶带回家喂养孩子，或者忍痛割爱、提前断奶，成为很多哺乳期女职工的烦心事。为了满足孕期、哺乳期女职工的迫切需求，为她们提供人性化服务，静安区石门二路街道总工会根据区域楼宇经济的特点，在市总工会女职工委员会的指导下，试点开设了可供孕期女职工休息、哺乳期女职工喂奶或泵奶的“爱心妈咪小屋”。这是工会帮助女职工解决后顾之忧的一项实事工程，受到了商务楼宇女职工的普遍欢迎。

一是以需求为导向，确定服务项目。石门二路街道总工会事前深入辖区内的12幢商务楼宇进行了调查，了解到这些楼宇中不少女职工处于孕期、哺乳期。特别是凯迪克大厦近4 000名职工中女职工占了50%以上，其中不少正处育龄期。为解决楼宇白领妈妈喂奶难问题，为她们实施母乳喂养提供方便，石门二路街道总工会决定把建立“爱心妈咪小屋”作为关爱女职工特殊权益的重要举措，并在凯迪克大厦开展试点。为此，街道总工会专门制定了“爱心妈咪小屋”项目工作方案，并及时向区总工会汇报，得到了上级工会的肯定和关心指导。

二是以项目为依托，有序推进工作。街道总工会与大厦的物业管理方中航物业上海分公司积极沟通协商，物业公司不仅提供约10平方米左右的专门场所作为“爱心妈咪小屋”，还为小屋装修提供了大量人力、物力支持。在街道党工委和物业公司的支持下，“爱心妈咪小屋”建设有序推进，并如期揭牌成立，成为上海商务楼宇中第一个出现的哺乳室。

三是以服务为宗旨，重在满足需求。妈咪小屋建立后，市总工会女职工委员会和静安区总工会向大厦赠送了“爱心妈咪小屋”专用冰箱和女职工关爱箱，同时解决了哺乳期女职工的挤奶、贮奶难题。街道总工会与凯迪克大厦工会联合会也不断完善小屋的软、硬件建设。现在的小屋有专门的哺乳区，用屏风遮挡；外面的休息区不但装有座椅，还配备了冰箱，专供“背奶族”妈妈储存乳液；百宝箱里还有奶嘴、奶瓶等用品，以备新妈妈急用。

“爱心妈咪小屋”专用冰箱为楼宇白领提供母乳保存服务

“爱心妈咪小屋”的有序运行受到了楼宇女职工的热烈欢迎。小屋不仅为女职工喂奶、挤奶提供方便，白领妈妈们不用再躲进厕所挤奶，家住单位附近的宝宝也可抱来直接在妈妈上班的地方喝到母乳。同时，小屋也成为白领女性面对事业和养育双重压力时可以互相交流、解压的心灵庇护所，处于孕期的准妈妈们也喜欢到这里坐坐，向已生产的“前辈”讨教育儿心得。

编者点评：

静安区石门二路街道总工会开设的“爱心妈咪小屋”项目，为楼宇白领妈妈创造温馨的环境，提供便利的服务，是体现工会组织主动关怀女职工特殊权益的人性化举措。特别是上海正处在新一轮的生育小高峰时期，“爱心妈咪小屋”这种做法值得借鉴，育龄女职工集中的企业、开发区、楼宇、商场等工会女职工组织要主动关心这个问题，将对女职工的关爱落实在每一个细节之处，有效解决孕期、哺乳期女职工的后顾之忧。

79. 闵行区浦江镇总工会

开展工会进社区活动促“企居联动”

闵行区浦江镇地处城郊结合部，近年来，为配合世博会召开，上万户市民动迁入住浦江镇。然而，社区共建配套设施短时间内尚不完善，给居民日常生活带来一定的问题。为进一步发挥工会组织在社会建设和社会管理中的作用，闵行区浦江镇总工会试点推出了“工会进社区，百姓得实惠”活动，实行“企居联动”，选出一些生产居民日常生活用品的企业，在社区门口设摊，将产品直接供给居民，既方便居民，也为企业解决产品销售问题。

一是加强研究，制定方案。浦江镇总工会在一次走访排摸辖区企业生存发展状况中发现镇上一些中小型企业生产的产品与居民的生活密切相关，但企业经营不景气，职工收入也不高。“产销对路存在着一个组织引导的问题，只要引导组织好，是不愁销路的”，带着这个想法，浦江镇总工会联系了镇社区服务中心，提议组织企业进社区设摊事宜，得到了积极响应。随后，镇总工会进行了专题研究，明确由工会联系企业、社区服务中心发动群众的分工，并制定了一套详细的工作方案与活动细则。

二是策划活动，牵线搭桥。方案制定后，浦江镇总工会开始组织发动，让辖区的公司工会主动和公司行政方商量在社区就近“让利销售”。经过协商，不少企业决定产品平均售价下降10%。之后，浦江镇总工会推出“工会进社区，百姓得实惠”的活动，由于前期工作扎实，活动举办期间不少企业的产品买得断了。

三是拓展服务，体现特色。活动举办后，不少企业和居民都纷纷表示，对该活动较为欢迎。因此，镇总工会决定将这项活动明确作为工会为民服务的实事工程，同时将这项活动与“社区工会服务进社区”结合起来，

“企居联动”活动中企业为社区居民提供服务

将法律知识、心理咨询、家庭教育、妇科咨询等服务项目一同送到社区。

目前，该活动已固定在浦江镇每月举办一次，并被闵行区总工会于2012年在全区范围推广，得到各方的广泛好评。

编者点评：

积极参与加强和创新社会管理，是工会履行社会职能、服务职工群众的重要内容。浦江镇开展的“工会进社区，百姓得实惠”活动，针对区域内的企业、职工所面临的实际情况、现实问题，创新工会服务方式，把工会法律援助、心理咨询、岗位招聘等内容融入其中，将工会服务内容送到居民的家门口，既充分发挥了工会在就业推介、社会保障、职工维权等方面的优势，切实起到企居双赢、多方得利的良好效果，也为加强社区建设、建设和谐社区作出了积极贡献。

80. 松江区中山街道总工会

“社区工会与企业工会结对共建”扩大服务职工范围

随着松江区近年来经济建设发展的不断推进，中山街道区域范围内已成立了3个工业园区，并正在新建一个国际生态商务区。目前，辖区内拥有实体性企业超过500家，其中大部分为中小企业。松江区中山街道总工会调研后发现，不少中小企业由于受企业种种条件的限制，活跃和丰富工会工作存在一定困难。其中，社区工会与企业工会的资源不能共享是一个重要的制约。比如，社区里有许多文艺人才，而一些外来人员比较集中的企业职工文化生活却比较枯燥；又如，春节前后或是订单集中时，企业会出现用工荒，而社区同时却有不少应届、历届毕业生或待业人员一时找不到合适工作。如何进行协调，促进社区工会与企业工会的资源共享、优势互补，让社区和企业达到双赢？中山街道总工会以共享、互补工会工作社会资源为出发点，积极探索“社区工会与企业工会结对共建”的新模式。

在经过前期多方面调查沟通及组织协调的基础上，2011年8月25日，街道15家居民区联合工会与首批34家中外企业签订了《社、企工会工作共建结对协议书》，协议中明确了双方在4个方面进行合作：

一是共同构筑交流平台。协议明确，联合工会与企业双方至少每半年开展一次工作交流，相互学习、取长补短，共同研讨结合双方特点构筑工会维权工作的有效载体，合力探索热点、难点问题的解决方法和途径，逐步建立具有时代特征、中山特色、社企特点的工会工作新机制。

二是共同构建素质工程。明确将提升职工综合素质作为着力点，联手推进素质工程建设，以社会主义核心价值体系为指针，以提高职工业务知识水平为主要内容，发挥双方优势，共同部署开展学文化、学知识活动，合力建设“四有”新型职工队伍。其中，企业工会重点抓职工上班期间的教育培训，社区工会重点抓好职工业余休息时间的教育引导。

三是合力开展职工联谊活动。本着资源共享、互通有无、相互合作、相互促进、共同提高的精神，社区与企业每年联手开展一到两次职工联谊活动，举双方之力，丰富工会活动内容，充实职工业余生活。

四是合力推进职工就业。社区工会根据所结对企业发展及用工要求，积极开展职工各类岗前培训，企业工会则积极推动企业人力资源部门在社区不断推出相关培训。同时，企业工会还在力所能及的范围内，根据自身岗位需求，每年为所结对的社区(工会)解决部分下(待)岗人员的就业问题。

社区工会与企业工会结对共建

社区工会与企业工会结对共建半年来，充分调动了社区工会与企业员工双方的积极性，取得了双赢的良好效果。据不完全统计，在结对共建活动中，企业已累计为社区提供了50多个就业岗位，为34个社区困难大学生家庭提供了经济资助；不少企业和社区共同策划节目、携手参加街道艺术节比赛，陶冶了企业职工、社区居民的生活情操，营造了和谐的社会氛围。基于此，松江区中山街道总工会将进一步推广“社区工会与企业工会结对共建”模式，预计今年与社区工会结对共建的企业将扩展到80家。

编者点评:

随着非公经济快速发展，大批非公企业与职工下沉到街道、乡镇，街镇工会在工会全局工作中的重要性日益凸显。松江区中山街道总工会推出“社区工会与企业工会结对共建”这一模式，以为企业服务、为基层工会服务、为职工服务为宗旨，充分利用区域内外的社会资源，积极整合力量推进资源共享，是工会创新深入基层、深入职工工作机制的集中体现，是街镇工会创新群众工作方法的有益探索，对更好地激发企业工会活力具有较好的启示作用和可操作性，值得借鉴推广。

81. 上海通用汽车金桥北厂工会

深化“先锋号在行动”做职工贴心人

发展企业和谐劳动关系，是维护社会和谐稳定的基础工程，是企业健康发展的重要保障。而劳动关系能否和谐，与职工能否感受到企业的关爱和温暖密切相关。为此，上海通用汽车金桥北厂工会秉承让职工体面劳动、快乐工作的宗旨，制定了《关于开展“先锋号在行动——做职工贴心人”活动的实施意见》。

一是加强对各类职工关爱力度。将关爱职工纳入班组工段建设标准，建立“职工关爱联系卡”，记录职工的家庭家访、谈心交流等情况。积极探索、实施劳务工从身份管理向岗位管理的转变，在评选先进上保证劳务工占据一定比例名额。积极关爱外派职工，通过开展志愿服务，为15名外派职工落实“一对一”结对服务，让外派职工没有后顾之忧。

二是全方位助力企业职工成长成才。通过设立工程师协会、技能比武、师徒带教等技能登高平台，促进职工间的学习、交流和提高，提升职工岗位技能水平。通过工代会、职代会等民主管理渠道，让职工代表审议工厂行政工作报告和工会工作报告，落实职工的各项民主权利。关心职工身心健康，组织优秀职工、优秀劳务工和A、C、D岗老职工参加公司疗休养活动。

三是做好各项后勤保障服务工作。党政工领导先后10余次深入生产一线进行慰问，并召开40余次职工座谈会；车间党工领导细化制定了40余项关爱措施，从管理人员每天顶岗1－2小时、制作夏季防暑健康生活手册、温情绿豆汤、贴心大冰柜，到搬迁、改建浴室、更衣室等“六室一厅”，优化调整班车路线、落实公司周边区域租房职工的班车站点，节约职工上下班在途的时间等，全方位改善职工的生产生活条件。

四是开展职工心理关怀工作。开通职工关爱热线，将热线电话制成小卡片分发到每位职工手中，无论是工作上的困难或建议，还是生活上的困惑或烦恼，职工都可以随时通过电话交流、倾诉，将关爱热线打造成为工会了解职工思想动态和心理帮扶的桥梁纽带。

公司领导深入车间了解职工需求

在开展活动过程中，上海通用汽车金桥北厂帮扶职工的举措进一步细化，先后建立起了“先锋号”帮扶中心、“六室一厅”、职工意见箱、职工成长通道等各类平台，从满足职工精神文化需求到营造尊重劳动的工作氛围，从主动倾听职工呼声到及时掌握并帮助解决职工生活状况，帮扶内容和形式更加丰富，为促进职工体面劳动、快乐工作夯实基础。

编者点评：

“尊严生活”和“体面劳动”是实现“快乐工作”的前提和基础，而“快乐工作”是“尊严生活”、“体面劳动”的最好检验。企业只有站在职工的角度，以人为本，满足不同利益群体的需求，才能使职工在工作中感受到快乐。上海通用汽车金桥北厂工会坚持以职工为本，千方百计为职工办实事、解难事，努力满足职工收入福利、成长发展、民主参与、精神文化的方面的需求，营造尊重职工、关心职工、爱护职工的良好工作氛围，调动了职工投身企业发展的主动性、积极性和创造性，激发了职工的工作热情和创造活力。

82. 中建八局第一建设有限公司工会

深入开展“五大和谐工程”促进职工全面发展

中国建筑第八工程局有限公司的前身是中国人民解放军基建工程兵部队，转为企业后，承担了一系列国内外大型工程建设，在建设施工领域素有“纪律严明、步调一致”的铁军之称。公司职工除了正式职工外，还有大量的农民工和部分劳务派遣工，如何把这些情况差别较大的职工团结起来，把职工队伍建设成“现代化铁军”，是企业工会工作的重要内容。为此，中建八局公司工会针对建筑施工企业的特点，抓住企业职工最关心、最直接、最现实的利益问题，推出了“职工工资保障、体面生活、素质提升、身心健康、扶贫解忧”五大和谐工程。

一是工资保障工程稳人心。资金紧张导致无法正常支付职工工资是困扰众多建筑企业的难题。中建八局第一建设公司领导班子十分重视按时发放工资，工会通过调研反映职工意见，取得公司行政的大力支持，制定了切实可行的工资发放专项制度，拨出专款建立账户，在每月 20 日由银行统一将工资打到每位职工的银行卡上。

二是体面生活工程聚人心。公司进一步完善企业工资正常增长机制，在企业经济效益逐年提高的前提下，切实提高职工工资、保险和福利待遇水平，实现了职工收入与企业经济效益协调增长。

三是素质提升工程赢人心。公司把实施“职工素质提升工程”作为推动企业发展和职工发展的有力抓手，积极采取有效措施，努力建设一流职工队伍。公司结合实际先后制定和出台了《职工教育管理办法》、《项目职工夜校管理办法》等相关规定，从制度、资金、时间上规范、鼓励广大职工积极学习。公司开展“每年读一本书”活动、“三青”(青蓝培养、青苗培训、青春导航)人才工程建设、“铁军讲堂”等,与相关大学开展校企合作,创新培训手段,提升培训层次。

四是身心健康工程化人心。公司开展领导班子与职工多对一、面对面谈心交流活动,深受职工的欢迎。分公司领导班子成员利用周末和晚上,深入一线逐个了解职工的家庭状况、幸福感以及个人职业生涯规划、公司管理制度的执行和落实情况等,历时3个月谈心600多人次,让职工切实感受到组织的关爱,同时也为下一步“选、育、管、用”好人才提供了依据。公司在全体职工中实施了幸福指数调查,以测评职工的成就感、公平感、安全感、满足感和融入感,增强了企业决策的针对性、有效性,为提高职工的幸福指数奠定了基础。

职工开展户外拓展活动

五是扶贫解忧工程暖人心。公司把关爱职工生活作为构建和谐企业的出发点,把职工的事当作自己的事来办,深入开展“扶贫解忧工程”。通过慰问、走访、座谈、问卷等多种方式对职工家庭进行调查了解,建立了较为完善的困难职工档案。在实际工作中,公司对困难职工档案实行动态跟踪管理,做到“三清”,即:家庭状况清、困难原因清、思想动态清,并根据不同的困难类型和困难程度,分别采取不同的帮困形式和帮扶措施。

五项和谐工程使服务职工的各项举措得到有效落实，比如，工资保障工程实现了分布在全国7个省(直辖市)20多个城市近2 500名职工工资全部准时发放；体面生活工程实现了在《集体合同》中对职工收入增长、保险和福利提升等作出明确规定；扶贫解忧工程救助困难职工1 164人次，发放救助金110万余元。

编者点评：

做好工会帮扶工作，促进职工的全面发展，就要紧紧围绕职工"三最"问题，切实维护好、保障好各项权益，创造出职工安心工作的氛围和环境。中建八局第一建设有限公司工会紧扣职工所需所想，从保障工资收入、提高职工素质等方面入手，提出建设"五大和谐工程"，切合了不同职工的需求和职工不同的需求层次，真正把以职工为本、促进职工全面发展的要求落到了实处。

83. 上海水产集团开创远洋渔业有限公司工会

建立“船员家属联动网络”心贴心关爱职工

随着国家海洋战略实施，上海水产集团旗下的远洋渔业骨干企业上海开创远洋渔业有限公司（以下简称开创公司）远洋船队规模不断扩大。目前，共拥有大型远洋渔轮17艘，远洋渔业船员达1 100多人，他们长年在智利外海、中西太平洋、南极等海域从事竹荚鱼、金枪鱼和鳞虾等捕捞与加工，为上海水产集团和中国远洋渔业的可持续发展作出了积极贡献。由于产业的特殊性，远洋渔业船员长年累月在远离祖国的大海上工作、生活，家中亲人状况、家庭生活近况成为广大船员最渴望了解的事情，这成为工会在开展职工思想政治工作中必须着力面对的课题与挑战。为切实解决远洋渔业船员的后顾之忧，开创公司工会急船员所急、想船员所想、办船员所盼，积极运用信息网络新媒体，探索创建“远洋渔业船员家属联动新网络”，努力畅通企业与船员家属、船员与船员家属之间的交流和沟通渠道。

一是创建船员家属联谊网络。开创公司工会针对远洋渔业船员家庭的分布情况，将工会传统载体与网络信息化相结合，分别在上海、江苏、浙江等地设立10个船员家属联谊分会，并同时建立船员家属QQ群联系网络，在企业、船员和船员家属三者之间构建起畅通有效的沟通机制。创设中，力求每个联谊分会与QQ群的船员家属相对集中，使彼此间更能找到共同语言，在心理上也有了一种亲切感、归属感，一旦遇到船员家属有困难需要帮助，可通过QQ群迅速、便捷地作出回应、实施帮扶，有效地帮助远洋渔业船员解除了后顾之忧。

二是落实专人“上承下帮”。开创公司工会在每个远洋家属联谊网络中设联络员一人，承担“上承下帮”的作用与职能：一是通过不定期与所在区域的船员家属联系，了解船员家庭情况和遇到的困难，及时代表公司工会、联谊会给予疏导和帮助，并向公司工会反馈；二是定期向船员家属通报公司的运行情况，取得他们的理解和支持，搭建联络员与船员家属的双向沟通交流平台；三是带动家属做好船员思想工作，船员出海时间长，工作艰苦，难免会产生一些困惑和苦恼，借助家属联动网络做好引导工作，是新形势做好职工思想政治工作的有益尝试。

船员家属联谊活动会

三是树立典型引路。与建立“远洋渔业船员家属联动新网络”相配套，开创公司工会还组织召开（船员妻子）“贤内助”表彰交流暨家属联谊活动会。会议对在推选产生的“贤内助”进行表彰，并由获得表彰的“贤内助”在会上作交流发言。她们畅谈作为远洋渔业船员家属所经历的甜酸苦辣，表达了乐意无怨无悔支持丈夫做好工作、勇挑家庭生活重担的决心。同时，在船员家属中开展“一封安全家书”的征文评选活动。通过家属对亲人的安全寄语，为一线远洋船员送去最真诚的祝福、最关切的问候，用情真意切的话语感染亲人，不断增强广大船员“一人安危系全家、全家幸福系一人”的安全意识。

“远洋渔业船员家属联动新网络”一经推出，就受到了职工的广泛好评，并得到了企业党政的支持和上级的肯定。目前，开创公司远洋渔业船员家属联动新网络已覆盖近80%的船员，已初步建成较为完善的联动机制；通过联络员实施的慰问帮困占公司总量的75%，对解决远洋渔业船员家庭实际困难，增强远洋职工凝聚力、稳定船员队伍、促进远洋渔业发展起到了积极的作用。

编者点评：

将职工思想政治工作与解决职工具体问题有机结合，是开展服务职工工作的有效方法。开创公司运用网络信息技术建立的“远洋渔业船员家属联动机制”，以满足职工需求为导向，以解决职工实际问题为着眼点，准确把握行业职工队伍发展的实际情况，坚持将发挥工会传统阵地作用与运用网络信息化技术相结合，将解决职工思想问题融入到帮扶服务工作中去，赋予了服务职工工作新的内涵，是一个值得加以推广的成功案例。

84. 上海纺织劳动力置换分公司工会

建立“爱心驿站”帮扶退休、协保职工

上海纺织(集团)有限公司所属的劳动力置换分公司成立于 2009 年，主要负责集团近 24 万名退休职工、2.75 万名协保人员服务工作。面对量多面广的帮扶对象，纺织劳动力置换分公司工会以建设常态化、标准化、规范化的帮扶援助服务体系为目标，积极打造以职工帮扶援助服务为主要内容的“爱心驿站”。

一是创新工会帮扶职工载体。纺织劳动力置换分公司工会通过调研排摸各管理中心帮困形式、筹资渠道、困难职工认定、慰问补助标准、帮困审批流程等帮困工作后发现，纺织劳动力置换分公司下属各管理中心帮困办法和补助标准差异很大，帮困送温暖的常规项目已经不能适应困难职工的需求，也不能满足企业集约管理的需要，有必要建立一个资金相对充裕、功能相对完善的援助服务机构“爱心驿站”。“爱心驿站”是职工援助服务平台，由党政支持、工会运作，以政策咨询、帮扶救助、互助保障、心理疏导、就业援助为主要内容，以实现职工援助、服务、关爱全覆盖、特困职工帮扶救助全覆盖、伤丧残协保人员综合保障全覆盖为工作目标。在这个平台上制定统一的帮扶援助制度，建立统一的帮困资金预决算审核程序、补助金的标准和审批流程等，确保“爱心驿站”顺利运作。

二是完善“爱心驿站”的服务方法和内容。在试点开展“爱心驿站”的基础上，分两批建立了 7 家管理中心工会“爱心驿站”。“爱心驿站”坚持“建小家靠大家”的理念，努力形成“主动接受党的领导，争取行政支持，动员全体职工参与和工会主动作为”的工作格局，打造职工“可以依靠的温馨港湾”，并在实践中不断创新和完善。比如采取“首问处理责任制”和

"一门式"服务的模式，即管理中心的每个领导作为"爱心驿站"的指导员，与一个援助服务员配合，每天轮流接待求助者，从接待到处理全权负责，在职工中反映很好。

三是建立健全"爱心驿站"的相关制度保障。全面完善"爱心驿站"帮扶援助工作制度，统一各管理中心的帮扶办法、审批流程、补助标准、数据反馈、动态管理等一系列职工援助服务的管理项目；在各管理中心实行统一的"爱心驿站"工作反馈表和"工会帮扶签收单"，使困难人群的性质、帮困类别、困难类别和临帮分类通过数据信息库反馈，每月进行统计上报，及时反映帮扶的实际情况和脱贫的动态状况，积累数据并进行分析，使帮扶援助服务工作的基础管理更加完善。

爱心驿站援助服务员接听求助职工电话

上海纺织劳动力置换分公司工会积极打造"爱心驿站"这一帮扶模式和运行机制，目前已经建立了 11 个管理中心"爱心驿站"，为困难职工提供了实实在在的帮扶援助。2011 年，八个"爱心驿站"共计接待职工政策咨询 835 人次；帮扶救助职工 2 972 人次，帮扶救助金额 69.58 万元；为全部协保人员和伤丧残人员办理了市总工会综合医疗保障计划，并为职工互助保障理赔 485 人次，给付金额 102.17 万元；为离岗、协保人员进行就业援助 38 人次，职介成功 7 人，心理疏导 496 人次，切实解决了很大一部分职工群众最困难、最直接、最现实的实际问题，发挥了工会构建和谐稳定环境的重要保障作用。

编者点评：

“爱心驿站”建设是工会帮困送温暖工作的提升和深化，也是工会保障工作常态化管理的重要内容。与常规的工会帮扶工作不同，上海纺织劳动力置换分公司工会面对的是特殊的帮扶对象，简单复制其他工会的帮扶模式很难做好这项工作。上海纺织劳动力置换分公司工会通过打造“爱心驿站”，既将党政工工作融合在一起，又创新职工帮扶援助服务模式，将不同管理中心帮扶服务工作统一起来，全方位地为职工提供援助服务，使企业的党政领导能更多、更直接地与职工面对面沟通、实打实解决问题，也使工会真正成为了职工的温暖之家、企业的和谐之家、社会的稳定之家。

85. 三菱商事上海有限公司工会

积极推动企业优化职工健康福利管理

三菱商事公司工会每年都安排职工体检，但不少职工对体检并没引起充分重视，参加体检的人数不到70%，参加体检的职工往往对报告中反映出的健康状况也不够重视。经过认真分析，公司工会发现了问题症结所在。由于没有形成健康管理的整体方案，体检项目缺乏针对性，体检时间的预约和调整不够便捷、灵活，再加上缺乏后续服务，职工对个人体检报告中的医生建议也不理解。正是在此基础上，由工会建议并积极协助公司行政优化职工健康福利管理，公司行政进一步加大了在职工福利特别是健康方面的投入，推出了职工健康福利管理具体方案。

一是实行科学体检。经反复比较各种体检机构后，选择了一家专业的体检中心。在体检内容上，根据职工年龄、性别、工作性质重新调整受检项目，还增加了颈椎、骨密度、消化系统等检查。在项目和时间安排上，除了规定项目外，职工可以根据自己的身体状况选择某些认为需要的项目，体检时间由职工自行在网上预约。体检后，体检中心对公司职工总体的健康状况作一个整体的分析评估，体检结果由体检中心到公司当面咨询。目前，职工的受检率明显上升，从以前的70%上升到85%。

二是优化职工补充医疗计划。优化补充医疗计划，就是使职工在健康出现状况时能获得更多的经济支持。在原有的寿险及医疗保险项目的基础上，公司进一步补充调整了意外、重大疾病、补充门诊医疗、住院、子女补充医疗和生育的补充医疗等一整套计划。与以往比较，这次保险项目更广，操作方式也更人性化，比如考虑到职工工作繁忙，由保险公司专员每月定期来公司提供便捷的理赔服务。计划调整后，公司通过全体职工说明会、福利手册发放、公司局域网信息发布等方式，广泛宣传新的医

职工健康系列活动获奖职工合影

疗福利方案，职工参与率进一步增加。

三是加强职工心理健康关怀。为帮助职工实现工作与生活平衡，实现身心健康兼顾，公司导入了职工心理援助项目 EAP，在应对职工普遍需求上，采取举办普及讲座、EAP 专题培训和资讯月报的方式；在个别需求上，职工以及家属可以通过电话或当面咨询取得专业心理咨询援助的服务。同时，由三菱商事公司工会牵头，通过职工运动会、健身卡发放等方式，发动职工积极加强体育锻炼，实现身心双健康。

通过上述各方面措施的组合，在公司形成了关注健康、热爱生活、高效工作、活力组织的理念，职工的身体素质得到有效提升，职工在紧张工作中的压力与焦虑感也得到有效缓解。

编者点评：

加强职工帮扶服务，是企业工会工作的重要内容，但在世界 500 强企业如何开展工作，值得深入研究。比如，要提高帮扶工作的针对性，世界 500 强企业的白领职工，生活并不困难，物质帮扶并不是重点；但是由于工作压力较大的原因，这些职工的身心健康却令人担忧。因此，就要在帮助职工健康工作、快乐生活上多下功夫。比如，要把工会工作与企业文化建设紧密结合起来。据有关调查表明，世界500强企业出类拔萃的关键是具有优秀的企业文化，而企业文化很重要的一条，就是做到以人为本。工会要善于把握企业重视职工、尊重职工的文化传统，积极为职工争取更多的福利以及收入待遇。从三菱商事(上海)有限公司的实践看，工会积极协助企业优化职工健康福利管理，就提供给我们这样的经验。

第六部分

加强自身建设

86. 杨浦区总工会

推行“行业工会建在地区上”创新组织体制

近年来，杨浦区非公企业发展迅猛，目前非公企业数和职工数分别达9 000多家和18多万人，占到区域内企业数的90%和职工数的89%。在这些非公企业中，由于工会主席大多为兼职，而且受劳动关系制约，非公企业工会工作的开展存在不少困难。杨浦区总工会调研发现，企业工会对行业工会有较高的认同感，建立行业工会可以把行业内的非公企业工会有效地组织起来，再加上行业工会主席由专职工会干部担任，能起到有效推动非公企业工会发挥作用的积极效果。同时，由于大量的非公企业聚集在街镇，他们与街镇总工会联系较为密切，对所属街道、镇的依存度和认可度也较高。基于此，杨浦区总推出了“行业工会建在地区上”新模式。

一是创新工会组织体制。按照行业相同（相近）原则，在企业工会基础上，建立隶属于地区总工会的行业工会，即在街镇形成总工会、行业工会、企业工会三级工会管理体制。定海、五角场两个街道率先试点，按照每1 000—2 000名工会会员规模建立1个行业工会的原则，建立了建筑、餐饮、商贸服务等12个行业工会，由专职工会干部作为主席人选，之后经过选举正式成为行业工会主席。在试点取得成功的基础上，由区委办转发《杨浦区总工会关于加强地区行业工会联合会建设的试行意见》，将该工作在全区所有街镇推开，现已建立了56个行业工会。

二是确保行业工会主席素质。首先，通过《新民晚报》等媒体多次面向社会公开招聘专职工会工作者，通过笔试、面试、政审、体检，好中择优选拔了一批热爱工会工作、年富力强、有党务或工会工作经历的专职工会干部作为行业工会主席人选。之后，在专职工会干部担任行业工会主席

定海地区建筑业工会联合会成立

前，区总工会先把他们放到工作基础好的街镇工会跟班学习，由经验丰富的工会干部带教。同时，通过集中培训、组织工作观摩等方式，不断提高他们的实际工作能力。

三是提供人员和工作经费保障。行业工会主席工资由区总工会和区财政共同负担，月工资收入 2 500 元，加上主席津贴、年度考核、重点工作激励奖等，平均年收入近 4 万，还为他们缴纳“四金”，每年组织疗休养、体检。制定《关于地区行业工会财务管理办法（试行）》，明确行业工会工作经费列入地区总工会专项经费预算，每个行业工会每年安排 1 至 2 万元工作经费，确保工作开展。

四是切实加强行业工会主席绩效考核。制定了《关于试行地区行业工会主席重点工作激励奖的办法》、《关于工会工作指导员考核实施办法》等文件，建立起一套行业工会主席管理考核制度，以“德、能、勤、绩、廉”为主要考核内容，重点考核行业工会主席工作实绩、工作目标完成情况，对行业工会工作有特色的主席进行奖励，对年度考核不合格的主席则通过相应程序不予续聘。

通过推行以上措施，杨浦工会各项工作取得了明显成效。一是有力地推进了“两个普遍”。目前全区工会组织覆盖率达到76.9%，职工入会率达到91%；全区集体合同、工资集体协议等在具备集体协商条件的建会企业中覆盖率达到93.5%。二是创造出许多鲜活经验。比如，大桥地区餐饮行业工会在全市率先开展餐饮行业工资集体协商，商定了服务员、传菜员、切配工等13个工种的最低工资标准以及工资增幅，较好地解决了劳资双方“谈不拢”的难题。定海地区建筑行业工会探索在《集体合同》中推广“工资共享机制”，明确企业若超额完成年度利润计划，应提取一定利润作为职工奖励。三是保持了职工队伍和谐稳定。各地区行业工会普遍建立了劳动争议调解委员会，畅通了职工诉求渠道，及时掌握劳资纠纷情况并积极予以调处，基本做到了劳动争议“不出厂区、不出园区、不出社区、不出杨浦区”。

编者点评：

杨浦区“行业工会建在地区上”这一模式，对创新工会组织体制、创新街镇工会工作方式具有较好的借鉴和启示作用。一是非公企业工会工作要注重行业化特征。以行业相同或相近原则建立的行业工会，由于体制及专业性的特点，具有与上级工会沟通便利、对行业情况熟悉的优势，在推进工会工作中能起到单个企业工会难以发挥的作用。表现在代表作用更加明显，通过行业工会代表企业工会为职工说话办事，能引起企业行政的高度重视，增强了维权的实效；指导作用更加明显，可以推动行业内制定符合行业实际的工资指导线、劳动定额标准，切实提高工资集体协商的质量；服务作用更加明显，非公企业对行业工会组织的职工培训、劳动竞赛等工作认同度较高，愿意给予资金等的支持。二是行业工会干部要提高专职化程度。乡镇、街道及以下基层工会，工会干部兼职化现象比较普遍，直接影响基层工会工作成效。在行业性、区域性工会联合会中实行工会干部专职化，是增强基层工会力量的有益尝试，既可以让工会干部摆脱劳动关系制约，更好地代表职工维权，同时上级工会也可以在人员经费、工作经费、干部力量等方面实现有效配置。

87. 黄浦区总工会

创新社区工会体制机制夯实工会组织基础

近年来，黄浦各社区(街道)的工会组织数和会员数迅速增加，目前10个社区(街道)总工会所辖工会达到2 833个，建会单位11 897家，会员数193 329人。其中，最多的社区(街道)建会单位有1 837家，会员30 270人。面对这样巨大的工作体量，仍然依靠社区(街道)总工会直接指导基层的做法已经不能适应形势需要。针对此种情况，区总工会提出深入探索和推进区域性、行业性工会联合会建设，即加大楼宇、行业、小区工会联合会推进力度，并加强专职工会干部配备，做实“点、线、面”组织架构，充分实现分级、分层、分类管理，切实提升管理效能，提高基层工会运作质量。

一是健全社区(街道)总工会职能部室设置和人员配备。各社区(街道)总工会按照全总“六好”规范化建设的要求，设置两部一室(即：权益保障部、组织宣传部和办公室)作为职能部室，确有需要且有一定条件的加设法律工作部。每个部(室)至少配备1名专职干部，担任部长(主任)或副部长(副主任)。

二是健全社区基层工会组织网络架构。达到一定规模的楼宇、行业和区域逐步建立工会联合会。凡知名楼宇、亿元楼，入驻的无主管企业达到50家(或独立基层工会20家)以上、从业人数800人以上的楼宇，原则上建立楼宇工会联合会；小区内有企业50家(或独立基层工会20家)以上、从业人数800人以上，原则上建立区域工会联合会；企业数或从业人员少于上述要求的，由几个楼宇或几个小区按照有利于开展工作的原则共同组建工会联合会；相同或相近行业无主管企业达到50家(或独立基层工会20家)以上、从业人数800人以上原则上建立行业工会联合会。通过近一年的试点，已建楼宇工会联合会7个，建立小区工会联合会23

个，建立行业工会联合会2个。

三是配齐配好专职工会主席（或工会干部）。为了保证楼宇、区域性和行业性工会联合会日常工作有人做、活动有人组织，凡建立工会联合会的至少配专职工会主席（或工会干部）1名，个别体量特别大的楼宇或行业、区域配2名，并通过党工共建、党工职务互兼等方式进一步拓宽工会干部来源渠道。目前，已通过社会化招聘增配专职工会干部18名。

四是确保人员和工作经费。在工作经费上，由社区（街道）总工会向区总提出项目方案申请，经审定后核拨专项经费，用于补充新建楼宇、区域性和行业性工会联合会的工作经费。在人员经费上，总体由区总争取由财政负担，社区（街道）总工会招录人数在财政核定范围内的，其人员经费先由街道向区财政申请，不足部分由区总补足；确实因工作需要而招录工会干部超出财政核定数的，由区总参照党群工作待遇核拨。

龙泉小区工会联合会职代会召开

通过上述举措，社区（街道）工会组织建设取得明显成效。一是社区工会、区域性行业性工会组织和基层工会的社区"小三级"工会组织体系更加完善。二是随着部分中小规模的独立行业工会按属地原则下沉到楼宇和小区工会联合会，社区（街道）总工会有了更多精力对世界500强等规模企业进行指导服务。三是更有力地推进了“两个普遍”。2011年全年净增建会单位2 157个、工会会员34 705名。全年签订集体合同1 534份、覆盖企业7 343家，签订工资集体协议1 105份、涵盖职工152 233人。

编者点评：

随着大量非公中小企业向街镇集聚，街镇工会在基层社会管理服务体系中的作用日益突出。市委制定下发的《关于加强和改进工会、共青团、妇联等人民团体工作，做好新形势下党的群众工作的意见》，突出强调要进一步加强街镇工会工作。黄浦区总工会认真贯彻市委文件精神，加强街镇工会组织建设的经验给我们以下启示：一要高度重视“小三级”工会组织体制创新，“小三级”工会上接区县总工会，下连企业工会，是一条极其重要的组织链，对于街镇工会有效发挥作用具有重大意义。二要加强人员力量，实现职业化社会化工会干部科学配置非常重要，确保事情有人落实、工作有人推进。三要推动更多资源向街镇工会倾斜，对经费比较困难、财政状况不理想的街镇总工会还要进一步加大支持力度，为基层工会开展工作提供更有力的经费保障。

88. 闵行区总工会

创新工会工作社会化模式增强工会影响力

近年来,闵行区工会组织的增幅较大,现有建会单位 18 303 家,会员 550 373 人,建会数是五年前的 2.4 倍,会员数是五年前的 1.7 倍,工会组织大量增加,工会工作量激增。面对经济社会的快速发展和工会事务的大量增加,闵行区总工会积极探索创新工会工作社会化新模式,广泛借助社会各方面的力量开展工会工作,逐步实现工会工作由系统内自我循环向系统外开放运行的转变。

一是转变工作理念。坚持"花小钱办大事"的理念和"不求为我所有,但求为我所用"的原则,整合与工会职能相关的部门人员和社会力量为职工群众服务;坚持"工会专职干部专业化,工会服务事务社会化"的理念,把服务职工需求的一些专业性工作,例如法律服务、心理疏导等工作,交给专业化的社会组织或人员承担,扩大服务供给,降低管理和服务成本。

二是培育社会组织及购买服务。一方面,直接培育社会组织。区总工会培育了"闵行区心理咨询协会",由 100 多名国家二级心理咨询师组成,为职工提供心理关怀和疏导服务。区总工会与区司法局共同培育了"闵行区职工维权律师志愿团",由区内 11 家知名律师事务所的 20 余名律师组成,为职工提供法律咨询服务,指导帮助基层企业开展劳动争议调解工作。另一方面,购买第三方社会机构服务。在开展劳动关系和谐企业创建工作中,通过社会公开招投标,聘请 3 家社会机构开展第三方评估。

三是积极申请政府项目。比如,积极实施"万名职工心理健康知识培训"政府实事工程,共开展专题培训 120 多场,培训职工 2 万多人。该实事工程已成为服务职工群众、构建和谐劳动关系、推进和谐社会建设的新平台,有力推进了心理健康知识在职工群众中的传播。目前,该项目已进入上千家企业，有 10 万多职工获得服务。

四是加强联合协同。在发展职工文化中，联合区文广局开展“唱支红歌给党听”合唱比赛；每年与区体育局合作开展闵行职工桥牌、乒乓、象棋、羽毛球、足球等五项体育赛事，2011 年合作开展了上海职工体育健身四季大联赛开幕式暨春季“闵行杯”上海农民工健身大赛，职工参与广泛，社会反响良好。在推进职工科技创新中，联合区科委开展“科普进企业”活动，组织职工创新研修班成员参加第 20 届全国发明展会，展出各类新发明、新技术、新产品 14 项，提升了职工的科技创新意识和科学素养。

职工维权律师志愿团接受职工咨询

经过积极探索和实践，闵行区工会工作社会化取得了积极的成效。一是工会工作的社会影响力进一步增强，职工群众对工会的认同度得到显著提升。比如，由闵行区总工会承办的区劳动关系和谐企业创建活动，作为典型案例被推荐参加由第三方机构—零点研究咨询集团举办的评选“倾听民意”政府奖活动，进一步扩大了工会组织的社会影响力和辐射力。二是工会工作专业化水平得到显著提升。比如，在劳动关系创建工作中，第三方的社会评估机构从根本上改变了以往评优工作“看材料定结论”的粗放式做法，建立起第三方评估、第四方审计、“安静的观察员”制度、媒体公开报道、接受监督举报等多种评估监督机制，提高了评估的科学性。三是资金使用效率得到显著提升。通过工会工作经费出一点、政府补贴一点、社会出一点的“三个一点”办法，整合其他工作力量为我所用，工会工作经费资金杠杆的作用得到有效发挥，工会事业获得了更多的发展资金，并降低了管理和服务成本，提高了效率和质量。

编者点评：

闵行区总工会探索创新工会社会化工作新模式，对创新工会组织体制、服务方式，整合社会资源服务工会工作具有较好的借鉴和启示作用。一是工会工作社会化契合了社会发展新要求。从外部要求来看，在加强和创新社会管理的新形势下，工会组织要发挥好党联系职工群众的桥梁纽带作用，巩固党执政的群众基础，必须充分运用各方资源力量，努力成为集聚各类社会资源的平台、成为党委和政府教育引导服务企业职工的社会化平台；从内部要求来看，工会组织的激增，工会会员的壮大，工作内容的拓展，要求工会组织“跳出工会”，充分发挥工会有限资源“四两拨千斤”的作用。二是工会干部社会化工作能力的提升推动了工会工作社会化。通过加大工会干部知识技能培训力度，加强对工会干部国家心理咨询师、劳动关系协调员职业资格、劳动仲裁员等培训，与上海工会管理职业学院合作培养专业工会工作者，建立大学生见习基地等措施，积极提升了工会干部的社会化工作能力。同时，工会干部在驾驭全局、协调合作、动员力量、项目管理等方面的社会化工作能力还需进一步增强，以不断适应新形势和新要求。

89. 松江区总工会

实现日常管理信息化提升工会工作效率

随着当今知识经济、数字技术的不断深入发展，信息化已渗透到社会生活的各个角落，推进工作的信息化进程已成为各行各业在发展中必须面对和思考的问题。在这样的背景下，工会如何更好地利用现代信息科学技术，以此带动工会工作效率和质量的提升，是各级工会工作者需要不断深入探究的新课题。在这方面，松江区总工会认识到信息化不能停留在借助网络浏览页面这一浅层次上，而要让信息技术更加有效地、全方位地服务于工会的日常管理工作之中。鉴于此，松江区总工会开始在医务工会系统试点工会日常管理工作信息化工程。

一是创设工会工作管理信息平台。在区总工会推动下，松江区医务工会利用区卫生局信息化网络平台和计算机技术，自行开发创建了工会工作计算机管理平台——“松江区卫生系统工会工作管理系统”。该系统通过模块设计，将区卫生系统工会管理工作设置成“会员个人电子档案、组织建设、职代会、院务公开、维权保障、宣传教育、班组创建、财务经审、女职工工作、退管工作、特色工作、理论研究、职工之家、职工技协、劳模服务”等 15 个大项，涵盖了 130 多个涉及工会日常管理工作各个“角落”的“子项目”，对于工会工作中必不可少的工作表、统计表，该系统所有管理模块中都附有统一格式的标准样表，基层单位的工会干部只需按要求在计算机上填写有关数据并执行相应操作，即可完成一切日常事务性工作。

二是细化信息平台管理职能。医务工会根据各级工会干部承担的工作职责及工作内容，按区卫生局党政领导、区医务工会主席、区医务工会委员、区医务工会财务经审、基层工会主席等不同类别，将“松江区卫生系统工会工作管理系统”分成了六个管理级别的用户，各个用户均可在所对应的管理群内实施浏览、管理和操作。如党政领导，可以登录系统随时查看工会工作情况、了解职工队伍状况；区医务工会，可以通过这个管理平台，实现包括部署工作、交流经验、统计报表、目标管理等各项工作；各基层工会，除可通过系统完成工会日常事务工作外，系统还将所在单位工会会员的详细个人电子档案存储于中，并实时更新，极大地便利了基层工会组织对会员的管理与服务；职工群众，可以通过系统平台了解各单位工会开展的各项活动和工作简讯，也可以参与由区医务工会或单位工会发起的各种网上评选、意见征询。

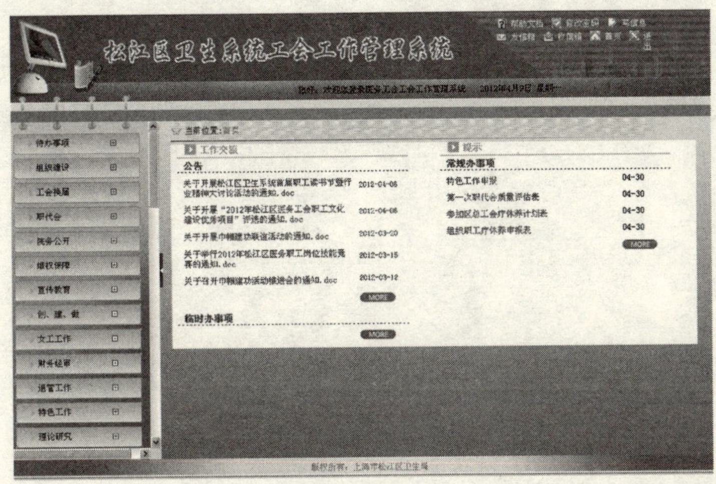

松江区医务工会网上工作系统

经过一年的试运行和系统调整完善工作，目前"松江区卫生系统工会工作管理系统"这一管理平台已基本实现了"上下沟通"、"横向交流"、"向党政汇报"和"向群众展示"的四大功能，如区疾控中心工会向全体职工征询"食堂满意度调查"，通过职工直接在系统"调研平台"开展，大大提升工会组织的工作效能。2011 年 11 月，这项自主开发创建的"卫生系统工会办公管理应用软件"获得了国家版权局颁发的《计算机软件著作权登记证书》。

编者点评：

主动适应时代发展，积极创新工作方式方法，是工会组织永葆生机活力的一条重要经验。在信息技术发展日益迅猛的当下，加强工会信息化建设、推进工会工作信息化进程，是提高各级工会工作水平的重要手段。松江区总工会在医务工会探索创建的工会日常管理工作信息化“生产车间”，将信息技术与工会工作有机结合，有效地拓宽了工会的工作空间，促进了工会工作效能的提升，值得参考借鉴。

90. 崇明县总工会

推广村级联合工会模式加强小微企业工会覆盖

近年来，随着崇明生态岛建设功能定位的进一步明确，岛内一些化工、印染、电镀等具有一定规模的高污染企业逐步实行了关停并转，余留下来的纺织、制造加工等私营企业普遍规模较小，且分布在乡镇各村。为此，崇明县总工会紧贴岛内产业结构调整和企业现实变化，针对多数企业规模较小、职工居住分散等情况，积极探索实践以村为单位建立村级联合工会模式。

一是抓好典型，稳步推进。县总工会选择竖新镇工会工作开展比较活跃、基础条件比较扎实的春风村作为村级联合工会组建工作的切入点，指导该村召开了首次工会代表大会，选举产生了村级联合工会和工会主席。并在竖新镇椿南村召开了现场观摩会，有效推动各村普遍建立村级联合工会。在试点和推广的过程中，努力做到三个结合：摸底与宣传相结合，既摸清了企业和职工对工会组织的需求和愿望，又营造了工会组建的舆论氛围；沟通协商与具体指导相结合，既获得了认同与支持，又对组建工作的程序、方法进行了具体指导；组建与开展工会工作相结合，既使工会组织“建起来”，又让其“活起来”，使职工感受到工会组织的作用和温暖。

二是建立组织，完善机制。各村在对辖区内企业情况进行全面调查分析的基础上，按照属地管理和就近入会原则，将规模以下企业纳入所在村联合工会。联合工会主席由村党支部书记兼任，并从村“两委”班子成员中选配对工会工作热心、对职工群众有感情、肯干、能干、会干事的人为村联合工会班子成员。联合工会采取组织企业法人定期会晤以及职工代表定期座谈等形式，逐步建立了联系职工信息网络和维权平台，基本搭建了职工利益诉求有人倾听、合法权益有组织维护的工会工作框架，取得了

卫东村成立辖区企业联合工会

良好的辐射效应，增强了村级联合工会的社会影响力。有的镇还把做好村工会工作列为对村级干部的年度考核内容之一，保障了村级联合工会工作的扎实开展。

三是认真履职，发挥作用。积极推行“两会合一、两务合一”，即职代会和村民代表大会合并召开、厂务公开和村务公开紧密结合，审议、监督村内公共事务和重大实事工程。加强劳动关系调处，当所属企业职工合法权益受到侵害时，村联合工会及时介入，维护了职工合法权益。关心职工工作生活，利用开展读书活动、举办职工上岗培训、法制教育等多种形式，提高职工的素质和技能；对遇到困难的职工及时进行帮扶，使他们真切感受到工会大家庭的温暖。

目前，崇明本岛 18 个乡镇均建立了村级联合会，基层工会组织得到了发展壮大，有力促进了经济发展和劳动关系的和谐稳定。

编者点评：

崇明县总工会“组建村级联合工会”模式，推进了“两个普遍”，发挥了基层工会作用，保持了职工队伍和谐稳定，对于创新工会组建方式、扩大工会工作覆盖面具有较好的借鉴和启示作用。村内企业小而散，且职工人数又少，不具备组建独立工会的条件；小型非公企业属无主管单位，他们的法律意识普遍比较薄弱，企业主与所在村之间的关系只有“注册”关系，不存在领导与被领导的关系。通过联合工会的形式，把这些小而分散的企业和职工成功组织起来，提高了社会的组织化程度。同时，村党支部书记经常深入基层，走企业、访百姓，对村内企业情况了若指掌。由村党支部书记兼任联合工会主席，企业主“认可”，职工“放心”，有利于实现工会工作的全覆盖，有利于工会组织建起来、转起来、活起来，有利于反映职工的利益诉求，当好职工的知情人、代言人。

成立沪外投资工会工作委员会深化跨地区工会工作

自实施“出海跨洋”的全球经营战略以来，上汽集团已在全国建成8大整车制造基地，与之配套的零部件企业及相关服务贸易企业也围绕主机厂建立100多家沪外子公司、分公司。沪外职工队伍越来越壮大，已占上汽集团从业人员的三分之一。分析当地劳动关系热点、了解当地劳动保障政策，促进跨地区企业文化融合，加强和谐劳动关系建设，确保企业和职工共同发展，这是每一个沪外投资企业和工会组织都必须面对的课题。根据工会组织管理框架，这些沪外投资企业工会要么直接由在沪母体企业工会直接管控，要么隶属所在地上级工会领导，业内各单位工会间横向联系较少，他们急切盼望上汽集团工会能够搭建一个沟通交流平台，探讨、解决共性问题。基于这样的愿望和需求，在不改变各工会组织隶属关系的前提下，上汽沪外投资企业工会工作委员会这一区域性沟通交流平台应运而生。

一是创新工会组织形式。根据全总“两个普遍”的要求，上汽集团工会严格遵循“企业开办到哪里，工会就组建到哪里”的精神，沪外企业投资组建时同步筹建工会。按照党管干部原则，工会主席人选由上汽集团工会或投资企业工会与同级党组织共同协商推荐，工会干部业绩考核由投资企业工会管理。成立沪外投资企业工会工作委员会后，所在地投资企业组建的工会作为会员单位参加工会工作委员会的活动。上汽集团工会推荐在该地影响力较大、起步较早的企业为主任单位，作为平时活动的召集人和联络人。

二是建立制度规范。上汽集团工会常委会审议通过了《上汽沪外投资企业工会工作委员会工作制度》，每一个区域的工会工作委员会可根据所在地实际，讨论制定各自的实施细则。根据实施细则要求，每季度开展一次活动，活动的形式可以为学习交流、座谈研讨、实地考察等。集团工会每年还为沪外投资企业工会工作委员会提供经费支持。活动经费下拨至主任单位所在单位工会，由主任单位在工会财务中设立专门科目，实行专款专用，定期公布。

三是明确工作职责。沪外投资企业工会工作委员会并不是一级组织机构，确切地说是一个区域性沟通交流平台，主要职责包括：构建交流平台，体现工作协同、实现资源共享；开展调查研究，掌握所在地职工思想动态；探讨所在地劳动关系及劳动保障政策热点难点问题；研究所在地企业工代会、职代会制度建设；关心外派职工工作、生活；加强工会组织自身建设，推进建家创特色活动，定期交流各单位工会工作的先进经验和创新成果等；贯彻上汽集团工作主题和价值理念，开展“六室一厅”建设，提倡“快乐工作”，做职工的“贴心人”。

上汽集团工会在烟台成立工会工作委员会

成立沪外投资企业工会工作委员会，受到上海投资企业工会及会员单位的一致好评。大家表示，有上级工会的支持与指导，有主机厂工会作为后盾，还有兄弟单位的参与支持，在开展维护职工合法权益、创建和谐劳动关系工作方面更得心应手了。2011 年，上汽集团工会已经在烟台、南京成立了两个企业工会工作委员会。

编者点评：

很多大型企业的沪外投资单位工会受工会组织属地化管理原则和保持投资企业垂直管理权限原则的限制，要么直接由在沪母体企业工会直接管控，要么隶属所在地上级工会领导，缺少一个本地区本区域的组织协调与沟通交流的平台。沪外投资企业工会工作委员会在不改变工会组织隶属关系的前提下，成功搭建了沟通交流平台，在探讨、解决工会工作共性问题上发挥了互通有无、取长补短、相互借鉴的作用，并有效促进了企业文化的交融和形成。

92. 中国电信工会上海市委员会

推进工会主席直选增强基层工会活力

长期以来，基层工会选举一直沿用会员大会选举委员会、委员会选举主席的做法，容易使一些工会干部在对上负责和对下负责的关系上发生偏差。为在工会主席选举中更好地体现广大会员的意愿，使工会组织在“建起来”的基础上真正“转起来”、“活起来”，上海电信工会积极探索创新基层工会主席直选工作，增强基层工会活力。

一是谨慎试点，积极有序推进直选工作。最初在电信账务中心进行工会主席直选试点，有12名会员以个人自荐和会员推荐方式竞选中心工会主席，7名符合条件的会员参加了竞职演说，经176名会员差额预选和差额直选产生工会主席，并作为同级副职进入企业领导班子。随后在嘉定、崇明、南区电信局进行直选试点，并在总结试点经验的基础上，制定出台《上海电信工会直接选举基层工会主席办法》，工会主席直选工作全面展开。

二是建立完善规章制度，推动直选工作制度化、规范化、程序化。包括工会主席直选工作领导小组的成立、选举方案和选举办法的制定、工会主席候选人的产生和资格审查、会员(代表)大会无记名投票选举产生工会主席、直选当选的工会主席进入本单位领导班子享受同级副职待遇等等，电信工会根据自身实际制定工会主席直选的相关制度、细则，严格操作程序，规范民主选举，把工会主席直选工作制度化、规范化。

三是充分调动会员积极性，保证直选工作具有广泛的群众基础。坚持群众路线，充分发扬民主，引入会员自荐方法，充分尊重每个会员的选举权和被选举权，为他们展示才能提供机会和平台；引入公示制度，经会员测评、资格审查后入选的候选人名单，全部张榜公示，接受会员的监督；

工会主席候选人竞职演说

采用竞职演说方法，展示竞选者的才能，对今后如何履职的公开承诺。

上海电信工会以增强基层工会活力为目标，通过试点探索、总结规范、建章立制，推进工会主席直选工作，目前直属单位工会主席直选率已达83.87%，使得那些热爱工会工作、乐于为群众服务、深受大家拥护和爱戴的会员越来越多地通过直选脱颖而出；同时，由于工会主席具有了广泛的群众基础，很大程度上提升了工会组织的代表性和凝聚力。

编者点评：

上海电信工会坚持推进基层工会主席直选，以加强基层工会吸引力、凝聚力建设为突破口，变“要我选”为“我要选”，进一步增强工会干部的维权意识和群众观念，实现了工会主席对上负责与对会员群众负责的有机统一。同时，直选工作由会员投票决定工会主席的产生，进一步落实了工会会员的民主权利，使得选举结果更能充分体现会员意志，有助于提高会员对工会组织的认可度，也直接推动了工会组织的民主化和群众化。

93. 中国移动上海公司工会

“工会主席巡回联系日”促干部作风改进

中国移动上海公司职工数量众多，由于工作性质的原因，职工大多分散在全市各营业厅、窗口单位。在这样的职工队伍分布状态下，工会如何进一步贴近基层、贴近职工，更直接、更准确地倾听职工的心声，更充分地代表和维护好职工的权益，是中国移动上海公司工会一直在思考的问题。为此，中国移动上海公司工会探索创新“工会主席巡回联系日”制度，专门下发文件，从原则、制度及保障等多方面一一提出明确要求。

一是明确参与对象。参加巡回联系日工作的人员为各级工会主席（包括公司工会主席、副主席，各直属部门工会主席），联系的对象为各巡回点来访的职工。

二是明确工作方式。要求各级工会于年初制定全年联系日程表，列出巡回联系的具体时间、地点和人员，并向职工公开发布。职工可根据各自实际自行报名参加，并由职工决定巡回联系的方式（如到基层单位现场座谈或单独谈话等）。

三是明确工作职能。要求各级工会统一思想认识，明确“工会主席巡回联系日”工作的主要职能是联系职工群众，增进与职工的友谊，使工会工作进一步贴近职工；了解、倾听职工的心声，掌握职工思想动态；宣传、解释相关法律、法规、政策及上级工会和公司党政组织的有关精神，做好对职工的教育引导工作；关爱职工，帮助职工释疑解难，针对不同情况，采取不同方式，妥善帮助职工解决困难与问题。

四是明确答复原则。对职工反映的问题和要求，凡有条件解决的，要协助相关部室、部门认真负责地及时解决；因某些困难一时难以解决的，要向职工详细解释清楚并明确答复的时限；对于不符合有关规定的，要讲

工会主席进行基层巡回活动与职工交谈

明情况，做好思想工作。

“工会主席巡回联系日”制度的推出取得了明显的成效。通过这一制度，职工找到了表达心声、反映诉求的正常渠道，不少合理的诉求也得到了及时地答复和解决。2011 年，中国移动上海公司所属各工会共进行基层巡回 173 次，职工提出问题或建议计 550 个、440 个年内已得到解决。企业经营者也反映，通过这一制度，能及时、准确地把职工所思所想、关注的重点问题传递给公司相关部门，为企业健康发展奠定了坚实基础。

编者点评：

工会是党联系职工群众的桥梁与纽带，工会与职工群众联系的紧密程度，是衡量工会组织生命力与战斗力的重要体现。中国移动上海公司在推行“工会主席巡回联系日”制度中，紧紧抓住了密切工会组织与职工群众联系的关键点，在把职工心声传递给企业的同时，更为工会创新工作方法、转变工作作风找到有效载体，是工会在新时期开展群众工作的有益尝试。其取得的成效再一次说明工会只要真正贴近职工、真诚倾听职工心声、真心为职工说话办事，就一定能不断扩大在职工群众中的影响力与凝聚力。

“织微博”创新工会工作方式

微博正在成为人们日常工作、生活中不可或缺的交流平台。作为广大职工代表者的工会如何在微博发出自己的声音，扩大工会在互联网的阵地和影响力，是当前各级工会组织亟需考虑的问题。上海机场集团工会针对企业中青年职工人数多、微博互动交流频繁的情况，开通官方微博，探索工会“织微博”服务广大职工的新模式。

一是明确微博定位。机场工会将微博定位为“职工技能大赛、职工体育节、职工艺术节等各类活动信息官方发布平台”，努力将上海机场工会微博打造成为一个内容丰富、凝聚人心，广大职工愿意在上面自由交流思想意见的平台。通过发布集团重大工作信息，直播工会科技节、健身节、文艺节等文化活动，吸引更多的职工关注，扩大工会活动的影响力。

二是不断完善微博功能。在运行过程中，针对不少职工希望工会微博的内容能更丰富一些、服务性更强一些的建议，机场工会进行了一系列的调整，不断精化微博栏目，在保留原有信息发布功能的基础上，增设天气、时尚、餐饮、娱乐等服务内容。

三是全天候发布微博内容。在每日早七点至次日凌晨一点由 4 位工会干部分工实时进行微博更新。每天的 7 点至 9 点，是晨航信栏目时间，发布各类天气情况、早新闻、重要节庆、集团重要活动提示、民航史上的今天、上海机场史上的今天等。9 点至 12 点，是悦容装栏目时间，发布女职工工作、先进品牌建设、时尚资讯等。12 点至 17 点，是文化廊栏目时间，发布职工摄影作品赏析，好书推荐，职工微小说，职工影评，好歌推荐等资讯。17 点至 21 点，是生活达人栏目时间，发布各类餐饮、娱乐、电影资讯等生活娱乐信息。21 点至次日凌晨 1 点，是静夜思栏目时间，工会主席直面网友，进行每日资讯点评、综述及探讨。

职工浏览上海机场工会微博

上海机场集团工会通过微博广泛与职工进行互动交流，答疑释惑，了解职工特别是青年职工关注的热点焦点。对于一些敏感性的话题，职工还可以通过“微博私信”的方式与工会主席“隔网交流”，由于网络的匿名性，职工不必顾虑自己的身份，从而使微博成为工会倾听职工心声的平台和工会服务职工的新渠道。

编者点评：

微博，具有“微信息”与“自媒体”等特点，信息传递速度快、交互性强，在当前社会生活的方方面面发挥着重要作用，也是职工舆情的一个重要平台。上海机场工会充分利用微博这一新兴媒体，畅通信息渠道，为广大职工提供了一个便捷的信息发布平台和服务渠道，着力为职工提供有效的信息、沟通的空间、互动的桥梁，有助于工会组织更加紧密地联系广大职工，拉近工会与职工的距离，是新形势下创新工作方式、激发工会活力的一个有效途径。

95. 浦东新区综合保税区工会

“球体”管理模式推进开发区工会组织建设

上海综合保税区包括洋山、外高桥和浦东机场综合保税区等“三港三区”，是上海建设国际航运中心的核心功能区、国际贸易中心的重要平台、国际金融中心的重要突破点及“四个中心”建设的前沿阵地和突破口。区内集聚了来自 90 多个国家和地区的上万家企业，拥有近 20 万名职工。企业经济形式的多元化，不同职工群体诉求的差异化，价值追求、生活方式、思想观念等文化与观念的冲撞，都对工会工作提出新要求，传统的工会工作难以适应开发区多元化、国际化、市场化的发展环境。对此，综保区工会紧扣综保区特点，紧贴非公企业工作实际和职工需求，初步形成了由体到面、由面覆盖线、由线连接点、由点渗透核的“球体”组织管理网络，开创了开发区工会工作新格局。

一是成立区域工会联合体。综保区工会联合区内不同隶属关系的工会组织，成立工会联合会，形成“球体”。其中，综保区工会是“面”，对区域内非公企业工会组织实行统一领导管理，协调服务区域内的国有企业工会组织；行业工会是“线”，建立国际贸易、航运物流、制造加工三个行业工会，发挥着区域内行业联合的重要职能；网格工会指导站是“点”，设立在 6 个工会管理网格区，作为综保区工会派出机构，专门配置网格工会指导员，负责网格内的组建、服务、维稳等任务；企业工会是“核”，承担集体协商、劳动争议调解、职代会三项主要职能。通过上述举措，综保区初步建立以企业工会为“核”，点、线、面全覆盖的“立体”型工会，基本做到了组织联合、工作联动、队伍联建、活动联体。

二是建立健全工作机制。在组织体制创新的基础上，保税区工会积极加强机制建设，确保“球体”动起来。建立组织指导机制，利用网格

综保区制造加工行业工会成立后部分工会干部与会员代表合影

化、全覆盖优势，形成综保区工会总体负责、行业工会重点推进、网格指导员履行组建服务的工会工作全覆盖机制。建立“上代下”维权机制，制定《上级工会代表下级工会履行部分维权职能的实施意见》，从依法组建、和谐共商、法律援助、实施监督上建立有效机制，实现维护效能最大化。建立统一指挥协调机制，工会组织纵横织网，建立起综保区工会看得到、行业工会管得到、网格指导员做得到的快速反应机制。建立联动帮扶机制，建立“1+X”联动帮扶体系：“1”为综保区工会职工援助中心，“X”为以片区和大企业建立的重点网格工作站帮扶服务点。建立协调互动机制，在行业、网格、企业、职工之间充分发挥工会组织独特的区域协调作用，建立网格信息联络员制度，及时掌握职工思想动态。建立联手推进机制，联合区域内隶属不同系统管理的工会组织，搭建起互通信息，共享资源，联手齐动的“一盘棋”联动平台。建立党工同建机制，依托行业工会建立行业党组织，推进和完善党工联席会议制度以及企业党群组织联组活动制度。

三是创新帮扶服务。围绕保税区企业和职工的实际，积极打造“问需、问技、问暖”的“三问”工会。打造“问需”工会，推动企业和职工发展。对大型企业，行业工会和网格工会指导员采取“一对一”、“菜单式”的工作方式,分类、分阶段、分情况上门指导工资协商,逐步形成定期协商机制。对贸易型、楼宇型、关联型的小型企业,保税区工会统一拟定"协商文本",明确工资协商工作流程和内容,实行"上带下"协商签约,简易操作,高效推进。充分运用行业工会的影响力和组织优势,联手外资企业协会等行业组织,开展行业工资协商,建立行业工种职工工资指导线和涨跌指数,服务企业工会组织工资协商需求。打造"问技"工会,深化职工素质工程。运用与企业发展相适应的形式、方法、载体,为职工和企业提供"菜单式"培训、咨询、讲座以及文化建设等服务,组织开展多种形式的劳动竞赛和业务技能竞赛活动,促进职工科技创新。打造"问暖"工会,提高工会凝聚力。倡导"关爱职工也是企业盈利"的理念,深化"和谐企业、满意工会"创建活动,扎实做好劳动争议调解和职工维权工作,千方百计为困难职工排忧解难,让职工感受到工会的温暖。

编者点评:

开发区企业集聚、职工集中,与居民企业杂处、功能全面的街镇社区具有显著的不同。综合保税区工会积极探索适应"企业发展多样化、职工身份多样化、工作属性多样化、用工性质多样化"特点的开发区工会工作新模式,进一步提高了工会组织的覆盖面,增强了工会工作的针对性和有效性,对健全完善"三级组织、四级网络、条块结合、全面覆盖"的上海工会组织架构,具有重要意义。其中,加强行业化管理和网格管理的做法尤其值得进一步总结和完善。加强行业联合,建立三个行业工会,将"小而散"的单个企业工会串联成"大而强"的行业团队,提高社会组织化程度,丰富了区域性行业工会联合会的工作实践和成果。网格工会指导站作为工会组织新形式,在综保区工会和基层工会之间搭建连接平台,服务与管理有机结合,确保了各项工作落到实处。同时,网格工会指导站配备的网格工会指导员,有别于传统的工会专职干部,具有"社会化招聘、契约化管理、专业化培训、职业化运作"的特点,对推进工会干部的职业化专业化有着积极的借鉴意义。

96. 徐汇区虹梅社区总工会

三方联动夯实非公企业工会工作基础

上海漕河泾新兴技术开发区是国务院确定的，以引进外资、引进国外先进技术和发展新兴技术产业为主的经济技术开发区，大量非公有制企业在此扎根并蓬勃发展。如何将党建和工建工作在非公企业有效开展，一直是各级党组织和工会组织探索的课题。在走访企业中，虹梅社区总工会了解到，越来越多的非公企业，特别是外资企业进入中国之后，也在寻找适合中国国情的管理路径，迫切需要一个多方可以利用、各种问题共同解决的工作平台。基于上述原因，虹梅社区总工会开始在非公企业中试点党、政、工三方联动机制。

一是选择试点。社区总工会选择在社区规模较大、影响较大而且党建和工建工作基础较好的单位作为试点单位，德资世界500强企业贺利氏古莎齿科有限公司(简称:贺利氏公司)因此成为率先试点企业。

二是加强规范。确定了试点企业之后，在社区总工会、综合党委的具体指导帮助下，由贺利氏公司工会起草“三方联动机制”中最为关键的“三方联席会议制度”，并与企业高层、党支部、行政反复沟通，最终形成文件。之后，该公司召开行政、党支部、工会三方会议，通过了《三方联席会议制度》，使文件上升到制度层面，正式确立三方联动机制。

三是积极推广。以贺利氏公司被评为徐汇区劳动关系和谐企业先进单位和公司外籍总经理被评为“职工之友”为契机，社区总工会通过《劳动报》、《工人日报》等新闻媒体大力宣传党、政、工三方联动机制所产生的实效，并趁热打铁，召开“党、政、工三方联动机制”推进会，逐步把该机制向社区内所有非公企业推进。

自在贺利氏公司推行“三方联动机制”，调路线、建食堂以及涨工资等

贺利氏公司三方联动会议

几件涉及职工切身利益的问题，都通过三方平台得到圆满解决。贺利氏公司也在社区非公企业中起到了很好的带头作用，目前，社区内已有20多家主要非公企业开始建立“三方联动机制”。

编者点评：

虹梅社区总工会在非公企业中推行“党、政、工三方联动机制”，目前仍处于探索推进阶段，还有许多细节有待探讨与细化，但该机制对于做好非公企业工会工作具有较好的借鉴和启示作用：一方面，要注重完善工作机制。一旦工作形成规范化的工作机制，融入企业整体工作，在世界500强等非公企业就会受到充分重视。另一方面，要注重合力建设。虹梅社区总工会积极推行“党、政、工三方联动机制”，其中党支部既与工会形成联动合力，又为工会与行政的协商增加缓冲，既推动了集体协商等工作有序开展，又切实提高了工作的质量和水平。

探索专职律师出任工会法律部长提升工作水平

随着非公经济的迅速发展，劳动关系日趋多元化、复杂化，在当前“资强劳弱”的情况下，一些用人单位隐性违法现象逐渐显现，劳动争议案件激增。同时，许多基层工会主席维权意识、专业能力相对较弱，特别是法律专业素质尤为欠缺，与履行“代表、参与、协调、服务”职责要求有一定差距。为此，南京东路社区(街道)总工会创新组织架构，探索建立法律工作部，在黄浦区司法局和上海市三石律师事务所的支持下，聘请一名专业律师出任法律工作部部长，并实行人员、经费等一揽子有效配置，为推进集体协商和劳动争议调解等长效机制建设，提供更有力的组织和专业人才支撑，初步形成了“律师出任法律工作部部长，激活法律服务运作机制”的社区工会工作新模式，有力促进了和谐劳动关系建设。

一是着力推动“两个普遍”。在集体协商工作推进中，专业律师给予分类指导，实施依法审核、规范操作。2011 年，有 942 家企业建立集体协商制度，覆盖职工 19 918 人；917 家企业签订工资专项集体合同，覆盖职工 19 650 人；推进 6 家世界 500 强企业建立协商机制。法律工作部协同推进非公企业的工会组建，现场释法助推组建工作，做到组建与工会法人资格证书登记同步。

二是专业化加强劳动关系调处。在社区总工会设立劳动争议调解室，专业律师代行社区工会调处劳动争议简易诉案，把解决、调处下移到企业、掌控在社区。至 2012 年 1 月底，共受理职工劳动争议调解申请 109 件，调解成功 67 件，涉及金额 173 625 元。同时，积极推进形成劳动关系预警机制，促使工会维权由“消防队”向“防火墙”转变。2011 年，社区企业发生 2 起集体性劳动争议，专业律师在第一时间到达现场，对事件作出预警报告和化解对策。

三是开展法律服务。通过接访接待、上门约见和工会律师热线、网上邮件等方式，为企业和职工解惑释疑，为职工包括农民工等提出合法维权的指导性意见。为基层工会干部学习新颁布的《社会保险法》、《上海市职工代表大会条例》等提供培训辅导，通过《南东工会之窗》内刊中的案例分析板块和接待咨询、学法辅导、赠送法律书刊等途径，提升工会干部和职工的法律意识。

四是依法催缴工会经费。按照工会财务收缴汇总和审计报告，法律工作部向欠缴、漏缴工会经费的企业作出依法缴费的宣导。对不履行缴费的企业，正式下达《工会经费催缴通知书》，促使企业在规定时间内将工会经费悉数上缴。

专职律师为职工法律咨询

通过一年多的实践，南京东路街道初步形成了依法推动“两个普遍”等工会专项工作的新格局，在非公企业中逐渐形成依法推动的辐射效应，实现了集体协商和建会组织数的同步增长；同时，以专业为助推，努力提升企业工会和职工参与平等对话的地位，推动“资强劳弱”局面的改观，促进了职工与企业和谐相处。

编者点评：

南京东路社区(街道)总工会试行“律师出任法律工作部部长，激活法律服务运作”的模式，为社区工会工作的运作提供了一些新的思路。一是依托社会资源形成合力，体现工会维权的社会优势。目前，社区工会干部专业能力较为缺乏，服务职工依法维权往往“心有余而力不足”。利用社会机构的专业优势和资源力量加入工会队伍，体现了工会组织发动职工、整合社会资源的优势。二是专业律师加盟，提升工会服务的专业化水平。专业律师在代行工会职能、职工权益维护和指导职工表达诉求等法律援助方面优势明显，在源头调解、维权到位方面实现了服务能力的新提升。采取这一做法，工会工作底气更足，专业人士为工会开展工作提供了强有力的专业支撑；工会工作实效增强，专业人士的社会认同度较高，工作效率和效果大为提高。

98. 虹口区凉城社区总工会

建立社区商圈工会扩大工会覆盖面

凉城社区商圈位于虹口区西北部车站南路一条街，是一个以世纪联华大型商业购物中心为平台，融经贸、文化、体育、娱乐于一体的新型社区商圈。商圈内所属企业大多没有建立工会，职工流动性大，劳动争议频繁，虹口区凉城社区工会通过调研发现，商圈内173家商家具有鲜明行业特征，1 000余名职工的劳动岗位相近。为了将这些小规模的企业商铺纳入到有序的行业管理和社区管理之中，社区总工会推动建立了商圈工会联合会。

一是积极筹备建起来。凉城街道专门成立社区商圈工会联合会筹备领导小组和工作小组，将商圈工会联合会筹备工作纳入社区（街道）党工委、办事处的议事日程。在广泛听取商圈企业党组织和职工意见的基础上，由社区总工会审定，产生社区商圈联合工会主席、副主席、委员、职工代表等人选，成立社区商圈工会。

二是完善制度转起来。在建会同时，同步产生职工代表人选、制定确立社区商圈工会职工代表大会试行办法、选举办法、商圈集体协商议事规则等。之后建立职代会提案工作制度，引导企业经营管理者和职工代表为商圈发展出谋划策；建立社区商圈工会走访企业制度，畅通社区商圈企业职工民意表达渠道；建立职代会巡视检查制度，落实职代会的各项决定、决议事项；建立社区商圈工会和企业工会帮扶困难职工制度、商圈企业互帮互助制度，设立社区商圈厂务公开栏和职工信箱，形成关心职工、帮困送温暖长效机制；建立职代会专门委员会制度，承担起职代会闭会期间民主管理的相关职责。

三是创新载体活起来。成立“社区商圈流动党员之家”、“社区商圈流动团员之家”和“社区商圈职工之家”，把党工团力量整合起来；组织商圈单位职工开展职业技能培训和技能竞赛、“立功竞赛流动红旗”评比等活动，加强对生活有困难的商圈职工帮扶力度，增强工会对商圈职工的凝聚力和影响力。

930创业园区工会联合会成立

凉城社区商圈工会联合会的建立，通过完善商圈单位基础信息、开展职工问卷调查、设立职工信箱等各种形式，进一步了解商圈企业与职工的所需所盼所愿，使社区商圈的工会工作更加具有有针对性，扩大了工会对商圈职工的组织覆盖和工作覆盖。

编者点评：

面对街镇内大量的非公企业职工，通过行业性区域性工会联合会的组织形式，实行“双措并举，二次覆盖”，是扩大工会组织覆盖、工作覆盖的有效举措。凉城社区总工会立足社区实际，建立社区商圈工会联合会，把辖区内规模小、不同类型的经济组织按行业、区域有效覆盖起来，实现了社区、企业、职工互利共赢，也充分体现了全总“双措并举，二次覆盖”工作要求，是新形势下探索工会组建模式的一次积极尝试。

99. 宝山区大场镇总工会

推行“工会工作记录”规范基层工会管理

宝山区大场镇有直属基层工会 168 家，职工人数约 2.5 万人。镇总工会经过实地走访和调研发现，由于镇级层面没有形成统一规范的管理模式，很多基层工会工作不尽规范统一，无法与上级工会进行有效的工作对接，再加上所属企业经济条件、管理制度等因素的影响，部分企业的工会工作无法有效展开。因此，建立一套统一规范的管理制度和工作规范，已成为当务之急的基础性工作。经过不断的探索与实践，大场镇开始在全镇已建的独立工会的企业中，全面推行“工会工作记录”工作法。

一是明确工作内容，记录责任到人。首先明确基层工会的主要工作内容，从基层工会的人员配置、工作内容、年度计划、主要活动、职代会、帮困保障、总结考核等 7 个方面进行统一与规范的分类，要求基层工会的工作人员依此管理到位，如实填写，将工会的各项工作与活动、以及所取得的经验和结果按规范分门别类进行记录，在此基础上，及时形成书面材料，并流转和存档整理。

二是结合实际，积极推行。镇总工会要求，村、公司工会联合会和企业工会认真执行“工会工作记录”工作法，在此基础上，建立和完善工会工作的管理制度，确保各项工作的具体落实。如，每个基层工会都要求配备专职或兼职的工会主席、工会经审委员和女工委员，对“人员配置、资金保障、民主管理、制度保障”这四大核心部分，都要形成相应的制度化管理体系。

三是落实工会工作考核制。结合《工会工作记录》手册，镇总工会对基层工会的工作实行量化的指标考核，建立健全目标管理机制，通过年度管理和工作总结两个方面，重点对基层工会开展维护职工合法权益、丰富职工文化生活、困难职工帮扶等三个方面的工作进行考量，确保基层工会

“基层工会工作记录”展示

工作目标的全面落实。

大场镇实行的是镇总工会、村公司工会联合会和企业基层工会的三级工会管理机制，经过推行“工会工作记录”，首先是镇总工会、村公司工会联合会的运作更加规范，同时也强化了企业工会的责任心，有效促进了工会工作的运行。

编者点评：

街镇总工会是一级地方总工会，是辖区基层工会的领导机关，如何推动基层工会工作的规范化，有效提高辖区企业工会的凝聚力和影响力，是当前工会工作的一大课题。宝山区大场镇总工会实行的“工会工作记录法”，可以给我们规范街镇工会管理提供以下启示：一是加强基层工会管理要向制度化迈进。目前，街镇总工会工作力量紧缺，而面对的基层工会众多，如果单靠上级工会干部一家一家上门开展工作，工作精力和时间以及工作质量都难以保障。因此，街镇总工会要提高工作实效，就必须通过建立规范有效的制度对基层企业工会实行管理。二是制度化的管理要坚持便于基层工会操作的原则。街镇总工会面对的大都是非公企业工会，只有充分调动基层工会组织的积极性，基层工会才能真正有活力。大场镇的“工会工作记录法”，充分考虑到基层工会工作实际，通过建立有规划、有系统、有跟踪、有反馈的机制，在上下级工会之间起到桥梁和纽带的作用，得到了基层工会的认可，使得工作开展更加便捷有效，是一种值得推广的方法。

100. 浦东新区高南幼儿园工会

“合乐家园”博客打造工会工作多元平台

在构建和谐校园过程中，寻找一条维系学校主线工作的情感纽带，进而丰富校园生活，营造幼儿园内外的各方有机结合和多维互动的生动局面，一直是高南幼儿园工会努力创新工作的一个方向。以浦东新区妇联开展“东方网家庭博客大赛”为契机，工会开通“合乐家园”幼儿园博客，组织了家庭博客大赛。初期，工会只是想通过博客大赛，让农村教师、幼儿家庭来学习一种网络互动的新形式，体验写博的乐趣。但是随着活动的深入，工会发现，博客不仅为学校的民主管理提供了一个多元的平台，而且还成为幼儿园与家长进行沟通对话、教师之间学习交流的载体。因此，工会开始精心经营这个博客，精心打造集家校互动、园务公开、宣传教育、学习交流为一体的“合乐家园”多元工作平台。

一是强化信息公开。工会把博客建设作为园务公开民主管理的重要内容，在博客中开设工会、人事、保教、团支部等条线负责栏目，园工会作为博客的管理方，及时督促各条线公布各类园务信息，让广大教职工全面了解幼儿园的发展情况。

二是征询各方意见。园工会同时开设班级频道和幼儿个人博客，通过设立“博客之星”等方式，鼓励教职工积极创建教师个人博客，以发帖、回帖、评论等形式对教代会议题等涉及教职工权益的事项发表看法。同时，也注重广泛征求幼儿家长的看法，及时关注家长在博客平台对亲子活动、家庭教育等各方面工作提出的建议。

三是引导业务交流。充分发挥博客互动作用，鼓励教师在博客中随时记录对教育工作的思考，针对一些教学过程中的热点难点问题，工会积极引导教师在博客中发现问题、思考问题、记录问题、反思问题，并提出自己的见解，努力推动教师提升业务素质。同时，园工会也经常就社会热点问题、教育观念等发博引发教师讨论，让大家谈谈生活、说说情感，努力使博客成为一个工作之余消除压力的场所。

“优秀博客”获奖选手合影颁奖大会

目前，“合乐家园”博客的质量越来越高，很多精彩博文被推荐至东方网首页。同时，关注群体也越来越多，不仅有广大教职工和家长，更有周边学校及社会各界的热情参与，博客每月浏览量已达到1.5万人次以上，取得了良好的社会效应。

编者点评：

以互联网为代表的信息化工具已经成为覆盖广泛、快捷高效、影响巨大、发展势头强劲的大众沟通交流载体，如何有效地把信息化工具融入自身工作中，是一个新的课题。高南幼儿园工会从自身实际出发，结合教职工以及幼儿家庭的特点，创办“合乐家园”博客，并把博客运用到民主管理、提升职工素质等工作中，为创新工会工作方式提供了新视角。伴随着网络技术的日新月异，微博等新的信息化工具蓬勃发展，这又为创新工作方式提供了新的空间，相信高南幼儿园工会将进一步拓展新的技术、提升博客内涵，使“合乐家园博客”越办越好。

后 记

2011年是"十二五"规划起步之年。在新的起点上，全市各级工会紧紧围绕上海"创新驱动、转型发展"的要求，从各地区、各系统、各单位的具体实际出发，积极探索，大胆创新，在工作中创造了许多好的经验和做法。在各级工会总结申报和《劳动报》记者采写的基础上，我们从这些经验做法中精选出100篇具有代表性、典型性的工作案例，并配以简要点评，形成了这本《新起点 新举措——2011'上海工会工作创新案例汇编》。

这本案例汇编，全书约14万字，分为六大部分。第一部分为服务发展大局篇，主要反映了各级工会团结带领职工参与劳动竞赛、技术比武、岗位练兵、合理化建议等活动的有益经验。第二部分为推进"两个普遍"篇，主要反映了各级工会加快推进普遍建会、普遍开展工资集体协商过程中的有效做法。第三部分为维护职工权益篇，主要反映了各级工会在落实职工民主管理制度、协调劳动关系等方面的创新举措。第四部分为提高职工素质篇，主要反映了各级工会发挥大学校作用、推进职工素质工程建设中的特色工作。第五部分为服务帮扶职工篇，主要反映了各级工会围绕职工"三最"问题，在加强物质帮扶、精神帮扶等工作中的成功做法。第六部分为加强自身建设篇，主要反映了各级工会在创新体制机制、改进工作方式等方面的积极探索。

本书的编撰工作，得到了有关领导、各级工会干部、《劳动报》的大力支持。上海市人大常委会副主任、市总工会主席钟燕群为本书作序，上海市总工会副主席周志军对本书的编撰工作作出重要指导。本书的编辑、组织工作由上海市总工会研究室主任桂晓燕、《劳动报》总编张刚负责，市总研究室李学兵、崔校军、邹卫民、张海丽、陈姣姣、陆新超以及《工人日报》上海记者站站长钱培坚、《劳动报》工会部主任张心虹等同志参加了相关工作，《劳动报》多名记者直接参与了部分案例采写；其中《合理化建议“会员制”激发职工创造活力》、《“三字经”强化职工安全生产理念》、《“柔性建会法”破解非公企业建会难》由范国忠采写；《建立完善楼宇职代会提案制度保障职工权益》、《积极推动企业优化职工健康福利管理》由陆烨采写；《“双重覆盖”维护劳务派遣工权益》、《“5家巴斯夫”集中签订首份工资协议》、《“GPS跟踪机制”促劳动关系和谐》由王枫采写；《完善两级教代会制度扩大教职工民主参与》、《设立“创新种子基金”提升职工创新能力》由郑虹采写；《引入听证制度深化行业集体协商》由赵竺安采写；《开展要约集中行动推进协商全覆盖》、《开展工会进社区活动促“企居联动”》、《深化“先锋号在行动”做职工贴心人》、《“织微博”创新工会工作方式》由徐晗采写；《源头跟进、分类推进实现组建全覆盖》、《整合区域文化资源满足职工文化需求》、《建立社区商圈工会扩大工会覆盖面》由李貌采写；《打造“5+1”平台培育高技能人》由张路采写；《个性化“高师带徒”制度培养高技能人才》、《建立“六大机制”构筑困难职工保障网》、《“球体”管理模式推进开发区工会组织建设》由何文庆采写；《推动文化宫公益化有序发展服务职工》、《“海上健康工程”提升船员身体素质》由宋长星采写；《探索“社区工会与企业工会结对共建”扩大服务职工范围》、《“工会主席巡回联系日”促干部作风改进》由阙军伟采写。

因水平有限，书中如有不妥之处，敬请大家批评指正。

编　者

2012年4月

图书在版编目(CIP)数据

新起点新举措：2011’上海工会工作创新案例汇编/上海市总工会主编. —上海：文汇出版社，2012
ISBN 978-7-5496-0540-8

Ⅰ.①新… Ⅱ.①上… Ⅲ.①地方工会-工会工作-案例-汇编-上海市 Ⅳ.①D412.851

中国版本图书馆CIP数据核字(2012)第105795号

新起点新举措
——2011’上海工会工作创新案例汇编

主　　编 / 上海市总工会

责任编辑 / 黄　勇
封面装帧 / 周夏萍

出版发行 / 文匯出版社
上海市威海路755号
(邮政编码200041)
经　　销 / 全国新华书店
照　　排 / 南京展望文化发展有限公司
印刷装订 / 上海新文印刷厂
版　　次 / 2012年5月第1版
印　　次 / 2012年5月第1次印刷
开　　本 / 720×960　1/16
字　　数 / 250千
印　　张 / 18

ISBN 978-7-5496-0540-8
定　　价 / 45.00元